Autor _ Melville
Título _ Hawthorne e seus musgos

Copyright _ Hedra 2009
Tradução© _ Luiz Roberto Takayama
Título original _ *Hawthorne and his Mosses*
Corpo editorial _ Adriano Scatolin,
Alexandre B. de Souza,
Bruno Costa, Caio Gagliardi,
Fábio Mantegari, Iuri Pereira,
Jorge Sallum, Oliver Tolle,
Ricardo Valle, Ricardo Musse

Dados _
Dados Internacionais de Catalogação na Publicação (CIP)

M46 Melville, Herman (1819–1891)
Hawthorne e sues musgos. / Herman Melville.
Tradução e organização de Luiz Roberto
Takayama. — São Paulo: Hedra, 2009. 96 p.

ISBN 978-85-7715-135-6

1. Literatura Americana. 2. Ensaio. 3. Crítica
Literária. 4.Correspondência. 5. História da
Literatura Americana. I. Título. II. Hawthorne,
Nathaniel (1804–1864). III. Takayama, Luiz
Roberto, Tradutor.

CDU 820(73)
CDD 810

Elaborado por Wanda Lucia Schmidt CRB-8-1922

Direitos reservados em língua
portuguesa somente para o Brasil

EDITORA HEDRA LTDA.
Endereço _ R. Fradique Coutinho, 1139 (subsolo)
05416-011 São Paulo SP Brasil
Telefone/Fax _ +55 11 3097 8304
E-mail _ editora@hedra.com.br
Site _ www.hedra.com.br

Foi feito o depósito legal.

Autor _ Melville
Título _ Hawthorne e seus musgos
Organização e tradução _ Luiz Roberto Takayama
São Paulo _ 2009

hedra

Herman Melville (Nova York, 1819–*id.*, 1891), um dos maiores expoentes da literatura norte-americana, iniciou sua carreira literária com *Typee* (1846) e *Omoo* (1847), relatos de suas aventuras entre os canibais das Ilhas Marquesas, após ter desertado de um navio baleeiro. Ambos os livros se tornam verdadeiros *best sellers* da época, fato que não mais se repetirá a partir de então. Ao contrário, suas obras posteriores, de *Mardi* a *Billy Budd*, passando por *Moby Dick, Pierre, The confidence-man*, entre outras, não conhecerão senão repetidos fracassos. No final de sua vida, esquecido, trabalhando como inspetor de alfândega do porto de Nova York, dedica-se ainda à poesia e à elaboração de sua última obra-prima, *Billy Budd*, publicada postumamente e também inspirada em suas experiências em alto-mar. Melville criou uma obra complexa e diversificada, na qual não deixou de exprimir seu próprio processo de formação como homem e escritor.

Hawthorne e seus musgos aparece em 17 e 24 de agosto de 1850 no *The Literary World*, prestigiado periódico da época. Trata-se de um ensaio sobre *The Mosses from an Old Manse* (*Os musgos de um velho presbitério*), livro de contos de Nathaniel Hawthorne. Através de uma análise profunda e apaixonada dessa obra, Melville expõe suas ideias fulgurantes a respeito da literatura, defendendo ardorosamente uma literatura americana autônoma e original, livre de sua dependência da tradição inglesa. Alguns dias antes de ver publicado seu artigo, Melville havia se encontrado com Hawthorne num piquenique em Berkshire. Vizinhos um do outro a poucas milhas de distância, nasceria a partir daí uma forte amizade, como atesta a correspondência que o leitor terá a oportunidade de ler ao fim do ensaio, também inédita em português. Nela fica explícita a relação fraternal cultivada entre os dois escritores, a ideias de Melville a respeito da literatura, sobretudo da americana, o argumento para um conto, baseado em uma história real, oferecido a Hawthorne, assim como as curiosas informações sobre o desenvolvimento de um romance que ele elaborava à época e que mais tarde ficaria conhecido como *Moby Dick*. As cartas de Hawthorne se perderam, mas o conjunto que ora apresentamos não apenas dá ao leitor o ensejo de perscrutar as ideias e os sentimentos de um dos mais incensados escritores americanos como é testemunho intenso e iluminador do nascimento e ocaso de uma grande amizade.

Luiz Roberto Takayama é mestre em filosofia pela USP na área de estética com estudo sobre as relações entre a filosofia platônica e a poesia na Grécia Antiga.

SUMÁRIO

Introdução, por Luiz Roberto Takayama	9
HAWTHORNE E SEUS MUSGOS	29
Hawthorne e seus musgos	31
Correspondência	63
APÊNDICE	107
Cronologias	109

INTRODUÇÃO

Em uma de suas cartas, Melville nos conta que seu verdadeiro nascimento se deu somente aos vinte e cinco anos. Nascimento de uma vida espiritual que coincide com sua descoberta da literatura. É por essa época que começa a escrever *Typee*, sua primeira obra. Nela, o jovem marinheiro narra suas aventuras entre os canibais das Ilhas Marquesas, fato real ocorrido alguns anos antes. O livro recebe críticas favoráveis e alcança grande êxito comercial tanto na América como na Inglaterra. Um ano após é publicado *Omoo*, que se apresenta como a continuação desse seu primeiro relato e com o qual obtém não menor sucesso. Se essas duas obras caracterizam o que se poderia chamar de sua "infância" literária, é com *Mardi*, publicado em 1849, que ele adentra sua "adolescência". Decide ser um escritor e não continuar sendo somente um contador de aventuras exóticas. Daí em diante, seu inegável crescimento espiritual será acompanhado, na mesma medida, por um fracasso editorial crescente, até o fim de seus dias. Mas, se "o fracasso é a verdadeira prova de grandeza", como ele mesmo diz, então também nesse aspecto Melville foi grande.

Em meados de 1850, durante as férias de verão passadas em Pittsfield na fazenda de um parente, um encontro notável irá marcar, de maneira decisiva, a entrada do autor de *Billy Budd* na vida "adulta". Participando de um piquenique ao qual haviam sido convidados alguns escritores da região, uma chuva providencial forçará seu contato, sob um abrigo improvisado, com Nathaniel Hawthorne. Os dois homens são tomados de grande simpatia mútua nesse encontro inusitado e uma amizade fraternal os unirá a partir de então.

Nathaniel Hawthorne, natural de Salem, residia há pouco tempo nas proximidades e contava, nessa ocasião, com quarenta e seis anos. Sua família possuía laços estreitos com o puritanismo — algo que marcará fortemente seus escritos —, tendo sido seu bisavô um dos juízes que participaram dos famosos julgamentos das bruxas de Salem. Seu pai era capitão da marinha americana e morreu em viagem quando Hawthorne tinha somente quatro anos de idade. Na época de seu encontro com Melville, estava casado há oito anos com Sophie — irmã mais nova de Elizabeth Peabody, figura proeminente do movimento transcendentalista americano — e acabara de ver publicado *The scarlet letter* (A letra escarlate), um de seus maiores romances, senão o maior. Nessa obra importante, Hawthorne desenvolve, de maneira alegórica, seus temas fundamentais: a moral, o pecado, a culpa em personagens complexos e sombrios vivendo em uma sociedade puritana. Escreverá ainda outros três grandes romances: *The house of the seven gables* (A casa das sete torres), *The Blithedale Romance* (O Romance de Blithedale) e *The Marble Faun* (O Fauno de Mármore), publicados em 1851, 1852 e 1860, repectivamente. Bem antes disso, em 1846, ainda sem gozar da notoriedade que alcançaria posteriormente, uma coletânea de seus contos foi publicada sob o título *Mosses from an Old Manse* (Os musgos do velho presbitério). É sob a influência dessa obra que Melville escreve seu ensaio exuberante e apaixonado, pequena obra-prima que ora apresentamos.

Hawthorne e seus musgos aparece, anônimo, em 17 e 24 de agosto de 1850 na *The Literary World*, periódico literário dirigido por Evert Duyckinck, importante conselheiro editorial da época e que se tornará grande amigo de Melville. Como se verá, mais que um artigo acadêmico, o texto é um relato extremamente afetivo de um encantamento mágico a se apoderar de um leitor no seu encontro com uma grande obra. Mas, nem por isso deixa-se de lado a reflexão sobre o caráter metafísico envolvido na criação literária bem como o aspecto político implicado na formação da literatura americana. Mais que um ensaio literário sobre um autor ou uma obra específicos, trata-se antes de pensar a literatura, sob seus múltiplos aspectos, através dessa suposta especificidade. Nesse sentido, *Hawthorne e seus musgos* é texto fundamental para se entender não só a obra de Hawthorne, como também a de seu próprio autor.

No final desse mesmo ano de 1850, Melville torna-se proprietário, com a ajuda de seu sogro, daquela mesma fazenda em Pittsfield, mudando-se para lá com sua família. Vizinhos um do outro a não mais de seis milhas de distância, as visitas serão constantes entre ambos os escritores. A esta frequentação se acompanha uma troca epistolar tão reveladora quanto o ensaio de Melville e que a ele se integra perfeitamente como seu indispensável complemento. Infelizmente, dessa troca de cartas, nenhuma daquelas enviadas por Hawthorne parece ter sobrevivido. Entretanto, por si sós, as cartas de Melville falam por ambos. Algumas delas são tão entusiasmadas que beiram quase o delírio; outras nos dão um testemunho privilegiado de sua vida dividida entre os duros afazeres de fazendeiro e a não menos difícil atividade de escritor. Podemos acompanhá-lo a tecer comentários sobre o livro que está escrevendo a respeito de uma certa baleia, e que será, não por acaso, dedicado a Hawthorne. Através da leitura dessas cartas, torna-se talvez mais verossímil, como muitos sustentam, que *Moby Dick*, a princípio concebido como um simples relato de caça à baleia, só tenha adquirido seu caráter épico final pela força dessa amizade. De todo modo, a intensidade dessa ligação entre ambos os homens e entre ambos os escritores só faz tornar ainda mais enigmático o abrupto rompimento entre eles ocorrido, ao que tudo indica, após a recusa de Hawthorne em escrever uma história proposta por Melville. Sobre esse problema, levantamos a seguir uma hipótese na qual as dimensões literária e pessoal se confundem no horizonte do surgimento de uma literatura que não se pode dissociar da própria formação da sociedade americana.

De *Hawthorne e seus musgos*, diz-se geralmente que se trata de um ensaio ou, mais precisamente, de um ensaio crítico de um grande escritor americano sobre outro. No entanto, se fosse mesmo necessário encaixá-lo em algum gênero, ele estaria, mais do que inaugurando um novo gênero literário, se integrando ao movimento de constituição de uma nova literatura, ela mesma expressão do movimento revolucionário da constituição de um povo, de um novo mundo.

Melville, escritor americano, inventa o *patchwork* na literatura enquanto a América vai se construindo como colcha de retalhos, com imigrantes de vários países. A literatura americana, tal como Melville a concebe, seria antes um movimento literário se fazendo aos fragmentos, em arquipélago, e esse aspecto compósito e inacabado de sua obra não é senão o índice infalível de sua gênese — rastros e traços deixados ao longo de uma busca perigosa. Se ao longo de toda a sua obra Melville traça uma linha sinuosa percorrendo vários gêneros literários — relato de aventuras, romance épico, político, histórico etc. —, é também em cada uma de suas obras que o vemos tecer sua colcha de retalhos inacabada, costurando pedaços imperfeitamente, de modo irracional, seguindo, no entanto, sua própria lógica.

Mais que um ensaio literário, *Hawthorne e seus musgos* é o relato de uma experimentação que se exprime em traços ou fragmentos, que se dá a ver tal como ela se desenrola em seu próprio processo de formação, deixando

aparecer em sua textura mesma, mais ou menos discerníveis, flagrantes por vezes, as marcas de reorientações, retomadas e remanejamentos sofridos, que lá permanecem como que para testemunhar o que terá sido a criação: movimento e busca, movimento de uma busca.[1]

Assim, vemos fragmentos autobiográficos se juntarem a outros de crítica e de resenha literária, de digressões metafísicas seguidas de exortações de cunho político. Notamos Melville introduzir uma pausa dividindo o texto, marcando sua retomada após vinte e quatro horas, confidenciando que não havia lido o livro todo anteriormente, deixando claro que escreve à medida que lê. Tudo isso banhado por um amor e por uma admiração intensa. Pois *Hawthorne e seus musgos* faz parte de uma história de amor e nela se inscreve como uma espécie de declaração; ele inicia a relação entre Melville e Hawthorne, história de um amor que se prolonga ainda com as cartas. Mas,

---

[1] É essa lógica de composição em devir que Jaworski encontra nos escritos de Melville, sintetizada na fórmula de Lombardo, o poeta de *Mardi*: "*I have create the creative*".

não seria antes um amor como aquele entre Ahab e a baleia, entre Pedro e Isabel, entre o advogado e Bartleby, entre Claggart e Billy Budd? Não seria ao lado de tais relações que se deveria entender o que se passa entre Melville e Hawthorne? O texto junto com as cartas constituiria assim a expressão de um devir, a manifestação de uma estranha e intensa admiração.

Tudo começa como uma narrativa autobiográfica, uma espécie de autobiografia intelectual, descrevendo paisagens e personagens campestres envolvidas no encontro do narrador, o próprio Melville, ou melhor, "um virginiano passando o mês de julho em Vermont", e a obra de um outro escritor americano, *Musgos de um velho presbitério*, de Nathaniel Hawthorne. Mas logo se é arrastado por um sopro de loucura, por um arrebatamento que faz Melville delirar, indo de emoções intensas no contato com a obra, passando por digressões literárias e metafísicas, terminando com uma exortação à América. Talvez tais traços não sejam senão aspectos de uma mesma realidade, e a admiração de Melville por Hawthorne, menos um sentimento pessoal do que uma experimentação coletiva e política.

Com efeito, a admiração é uma espécie de identificação que parece comportar uma *hybris*, pois se o que geralmente se admira deve, de alguma forma, estar *acima* do sujeito que admira, como um modelo ou uma imagem a ser alcançada, por outro lado, deve estar *ao lado* para que possa ser admirado. Admirar alguém ou algo é, ao mesmo tempo, olhar para si e para o outro, olhar sua própria imagem sempre em relação a uma outra imagem ou modelo a ser copiado. Sob esse aspecto, trata-se de uma perspectiva mimética cujo modelo admirado é, por excelência, uma imagem paterna. Mas, por outro lado, admiramos sempre aquilo que já nos é, de algum modo, semelhante ou potencialmente semelhante. Dir-se-ia que entre Melville e Hawthorne, como entre Ahab e Moby Dick,

uma zona de indistinção, de indiscernibilidade, de ambigüidade se estabelece entre dois termos, como se eles tivessem atingido o ponto que precede imediatamente sua diferenciação respectiva: não uma similitude, mas um deslizamento, uma vizinhança extrema, uma contigüidade absoluta; não uma filiação natural, mas uma aliança contra natura.[2]

Trata-se, portanto, de devir e não de *mimésis*, de modo que Melville não tenta imitar Hawthorne como um modelo a ser seguido mas se vê arrastado a um fundo obscuro em que não mais se distingue dele. Não sabemos mais se a "luz do sol do verão índio" ou o "negrume dez vezes mais negro" se encontram realmente nos musgos de Hawthorne ou se foi Melville que neles os transplantou de si mesmo. É assim que se pode ver em *Hawthorne e seus musgos*, antes um retrato do próprio Melville e de sua escritura do

[2] Gilles Deleuze. "Batleby, ou la formule", in *Critique et Clinique*, p. 100.

que propriamente uma imagem fiel do escritor de Salem. Mas, colocar assim o problema, tentar recuperar nesse texto, o que de direito pertence a cada um, é passar ao largo do essencial. Pois o importante é que algo se passa *entre* eles, algo que dissolve a identidade de ambos enquanto sujeitos assim como destrói qualquer imagem ou modelo a ser imitada.

É com fragmentos dos musgos de Hawthorne que Melville faz ressoar uma língua divina, originária, inumana. Língua do "misterioso e sempre esquivo Espírito de toda Beleza", mas também da "Inata Depravação e do Pecado Original"; língua divina e demoníaca escrita na alma, que faz dos autores, simples nomes fictícios, dos livros, apenas os produtos imediatos de uma grandeza muito maior e mais terrível, ainda que pouco discernível. Tal é o efeito dessa língua original que se exprime nos traços fragmentários dessa admiração, que contagia até mesmo os cantos dos pássaros da colina, que arrasta a linguagem até o seu limite e faz Melville descobrir, no silêncio do túmulo de Shakespeare, "infinitamente mais do que Shakespeare já escreveu", e, sua maior grandeza, "não tanto pelo que ele fez, mas antes pelo que não fez ou se absteve de fazer".

E, mesmo nos musgos de Hawthorne, o que Melville descobre, aquilo que mais o fascina, esse poder sombrio do negrume, das trevas, da escuridão, se encontra menos naquilo que Hawthorne disse do que no silêncio de um pano de fundo escuro e impessoal, limite daquilo que pode ser dito e que faz com que aquilo que é dito não seja senão um pálido reflexo desse silêncio inumano e original:

Ora, é esse negrume em Hawthorne de que falei que tanto me cativa e me fascina. Pode ser, todavia, que ele seja demasiado desenvolvido nele. Talvez ele não nos dê um raio de sua luz para cada sombra de sua escuridão. Mas, seja como for, é esse negrume que fornece a infinita obscuridade de seu pano de fundo, — esse pano de fundo sobre o qual Shakespeare joga com seus mais magníficos conceitos, coisas que lhe valeram seu mais alto renome, embora mais circunscrito, como o mais profundo dos pensadores.

O negrume é como uma nuvem negra que só se torna visível e audível pelos traços fugazes dos relâmpagos e trovões que o exprimem; as brilhantes cintilações do que se dá a ver, diz Melville, "não são senão franjas a jogar sobre as bordas de nuvens de tempestade". O negrume é a zona de silêncio e de escuridão em que não mais se distinguem aqueles que acederam à sua Visão, aqueles que ultrapassaram a fronteira, esses mestres da "Arte de Contar a Verdade"; ele não se encontra naquilo que é imediatamente visto e dito, mundo de mentiras; ele é "a condição absoluta das coisas presentes" e só se revela por lampejos, de modo velado e fragmentário:

Pois, neste mundo de mentiras, a Verdade é forçada a fugir como uma corça branca assustada, na floresta; e somente por lampejos fugazes ela se revelará, como em

Shakespeare e em outros mestres da grande Arte de Contar a Verdade, – ainda que veladamente e por fragmentos.

Entre Melville e Hawthorne se estabelece uma admiração que combate a imagem ou o modelo paterno da imitação – a Inglaterra – em proveito de uma relação entre irmãos que não mais se distinguem. *América*, exclama Lawrence a bordo do Pequod, o baleeiro puritano de *Moby Dick*.[3] É esse mesmo grito que se ouve nesse grande "espaço marinho" que se forma com os musgos de Hawthorne. Uma relação de fraternidade se estabelece sobre os destroços da dependência paterna: antes irmão de Hawthorne do que filho de Shakespeare, antes a Fredoníada de Pop Emmons do que apêndices de Goldsmiths ingleses. Contra a imitação servil de um modelo estrangeiro, a originalidade audaciosa de uma relação fraterna; contra a admiração neurótica por Shakespeare, a admiração por Hawthorne.

Deixem-nos longe dessa influência bostoniana de servilismo literário à Inglaterra. [...] Deixem-nos condenar audaciosamente toda imitação, ainda que ela venha para nós graciosa e fragrante como a manhã; e encorajar toda originalidade, ainda que, no começo, ela seja tão intratável e tão feia quanto os nós de nossos pinheiros.

Com *Hawthorne e seus musgos*, Melville celebra seu pacto de sangue com Hawthorne, a aliança fra-

---

[3] D.H. LAWRENCE. *Études sur la literature classique américaine*. Paris: Seuil, 1948, p. 187.

terna de irmãos sem nome contra a filiação imitativa de modelos ingleses:

A coisa mais intolerável que se poderia dizer de um verdadeiro autor americano seria a de que ele não passa de um Tompkins americano. Chame-o de um americano e pronto; pois não se pode dizer coisa mais nobre sobre ele. Isso não quer dizer que todos os escritores americanos devam aderir deliberadamente à nacionalidade em seus escritos; mas somente isso, que nenhum escritor americano deve escrever como um inglês ou um francês; deixem-no escrever como um homem, pois assim estará seguro de escrever como um americano.

Ser americano é tornar-se *um* homem, um homem sem particularidades, sem referências; ser um escritor americano é tornar-se *um* escritor, um escritor sem particularidades e sem referências: "Toda fama é patrocínio. Deixem-me ser um infame: *nisto*, não há patrocínio"; antes escritores originais, ainda que medíocres, do que cópias de um modelo estrangeiro.

O sonho americano de Melville é uma literatura americana se constituindo aos pedaços como uma comunidade ou sociedade anônima de escritores-irmãos "originais", sem referências a algum autor estrangeiro e sem referência à si mesmo enquanto "autor" ou proprietário de alguma obra; os livros seriam, antes, "crianças abandonadas", e, os supostos autores "simples nomes fictícios". O autor de *Hawthorne e seus musgos* não é Herman Melville, mas "*um* virginiano passando o mês de julho em Vermont". *Hawthorne e seus musgos* não é um ensaio de um autor americano sobre outro; é antes a enunciação coletiva que celebra o pacto de sangue entre escritores que *se tornam* americanos; não se trata de uma obra planejada, construída e acabada por um bom filho americano segundo o modelo de seu pai inglês; trata-se de um esboço inacabado e imperfeito que se faz por fragmentos, traços de expressão de um combate a imitação de um modelo paterno a favor de uma relação fraterna entre irmãos que não mais se distinguem, anônimos, impessoais, sem particularidades nem referências. Para Melville, a literatura americana é a expressão de seu próprio processo de formação, expressão de um devir americano da literatura, inseparável do movimento revolucionário da constituição de um novo homem e de um novo mundo.[4]

A América não deve esperar que seu Messias ou seu "Mestre Gênio" literário chegue numa carruagem inglesa sob as vestes de príncipes shakespeareanos. "Creiam-me, meus amigos, que Shakespeares estão nascendo neste dia às margens do Ohio." Para Melville, o verdadeiro gênio literário da América

---

[4] Era o que Lawrence já descobria em seus *Estudos sobre a literatura clássica americana*: um ritmo duplo do movimento de constituição da América e da literatura americana – a fuga ou a desintegração do pai (o Velho Mundo) e a busca por um novo homem democrático.

não está por vir em sua forma plena e acabada num único indivíduo, mas já se encontra em pleno processo de formação, em fragmentos, compartilhado por uma "pluralidade de homens de gênio", ainda que sob vestes humildes. A admiração de Melville por Hawthorne é a expressão da admiração da América pela América; ela é um devir ou um processo que implica um pacto ou uma aliança entre irmãos. Se Melville admira Hawthorne é porque nele encontra seu igual; é com ele que vislumbra a possibilidade de selar esse pacto de fraternidade, de se deixar arrastar por um devir que não é senão aquele da constituição de uma nova literatura, de um novo homem, de um novo mundo. *America*.

***

Seria preciso voltar às cartas a Hawthorne, pois, como dissemos, elas continuam essa história de amor, ou antes, exprimem esse mesmo devir psicótico. Também elas são arrebatadas, ardentes e manifestam essa admiração intensa de Melville que agora se estende também a sua relação pessoal com Hawthorne. Não se trata, de forma alguma, de um arrebatamento ou de uma admiração neurótica de um discípulo que se encontra, finalmente, com a pessoa de seu mestre em carne e osso. Melville, como Ahab, parece possuído por uma força misteriosa que o arrasta em direção a Hawthorne.

Donde vem você, Hawthorne? Com que direito você bebe de meu frasco de vida? E quando o levo aos meus lábios –

veja! são os seus e não os meus. Sinto que a Divindade se partiu como o pão da Ceia e que nós somos seus pedaços. Daí essa infinita fraternidade de sentimento.

Hawthorne e seus musgos é uma declaração de amor, a aliança ou um pacto de sangue entre irmãos proposto por Melville. As cartas nos mostram as provas desse amor, os cortejos para uma conquista, a perseguição quase insana de um Melville esperançoso em selar esse pacto:

Meu caro Hawthorne, os ceticismos atmosféricos se insinuam em mim agora e me fazem duvidar de minha sanidade ao escrever a você desse modo. Mas, creia-me, não estou louco, excelentíssimo Festo. Somente que a verdade é sempre incoerente e quando grandes corações batem juntos, o abalo é um pouco atordoante.

E eis que a tão almejada fraternidade parece se consumar aos olhos de Melville, tal como nos mostra o *post scriptum* dessa importante carta de 17 de novembro de 1851, escrita em resposta àquela em que Hawthorne tece comentários elogiosos sobre *Moby Dick*:

Se o mundo fosse composto inteiramente de Mágicos, vou lhe contar o que eu faria. Instalaria uma fábrica de papel numa das extremidades de casa e, desse modo, teria uma infindável fita de papel desenrolando-se sobre minha escrivaninha; e sobre essa fita sem fim, escreveria mil, um milhão, um bilhão de pensamentos, todos sob a forma de uma carta que seria endereçada a você. O ímã divino está sobre você e meu ímã responde a ele. Qual é o maior? Questão estúpida – eles são *Um*.

Melville não tem mais dúvidas de que encontrou um irmão do qual não mais se distingue. Mas, e Hawthorne? Sabemos que Melville não guardou suas cartas e que Hawthorne se muda de Berkshire... Em *Hawthorne e seus musgos*, Melville o descreve como um escritor que deve sua fama à "menor parte de seu gênio": "um escritor agradável com um estilo agradável, – um homem retirado e inofensivo de quem dificilmente se esperaria alguma coisa profunda e pesada: – um homem que não quer significar nada de significante." Não podemos vê-lo aí retratado como uma espécie de Bartleby da literatura, e como tal guardando um mistério sombrio que só um olhar profético pode escrutar?

Não obstante, na ausência das cartas de Hawthorne, é Sophia, sua esposa, que traça um quadro revelador da relação entre os dois escritores numa carta escrita à sua irmã:

Nada mais me agrada do que escutar esse homem [Melville] em estado de crescimento fazer arrebentar as ondas tumultuosas de seus pensamentos contra os grandes silêncios bondosos e compreensivos do sr. Hawthorne [...] Mas, tanto amor, respeito e admiração pelo sr. Hawthorne é admirável – e isso sem que o sr. Hawthorne faça nada por si mesmo senão simplesmente ser, é surpreendente como as pessoas fazem dele seu mais íntimo Pai Confessor...

Pois então, não seria antes nessa figura de pai

que Hawthorne se encarnaria nas suas relações com Melville? Não estaria ele mais próximo da figura paterna do "advogado" do que daquela de Bartleby? (Acrescente-se a isso que Sophia, nessa mesma carta, se refere a Melville como "um garoto [boy] em matéria de opinião"). A carta de Melville, datada de 17 de julho de 1852, e os acontecimentos subseqüentes a ela são decisivos a respeito dessas suspeitas. Trata-se de uma longa carta em que Melville propõe uma história extraída de um caso jurídico real, a história de Agatha, para que Hawthorne a desenvolva numa obra literária. Mas não se trata apenas da sugestão de um tema. Melville traça um esboço bastante minucioso da história, apresenta diversos dados e impressões detalhadas como as deslumbrantes descrições do penhasco do farol e do pasto de ovelhas, dos destroços da proa fincados na areia, da triste derrocada da caixa do correio... Dir-se-ia que *ele já está escrevendo* a história — bem de acordo com seu processo de criação fragmentário, — e acrescentaríamos que o que ele propõe a Hawthorne, na verdade, é escrever um livro a dois, ou antes, um livro em comum e de ninguém.

Nem de Hawthorne, nem de Melville, mas o livro da América; livro sempre inacabado na medida em que é a expressão fragmentária de um processo; sem autor ou autores que imitam um modelo, posto que é expressão de um devir entre irmãos originais indiscerníveis. Nem de Hawthorne, nem de Melville, mas de *um* homem, sem particularidades e sem referências. Não era este o sonho americano de Melville? Não seria a história de Agatha a manifestação mais profunda de sua admiração por Hawthorne, o coroamento de seu pacto, o produto de uma legítima literatura do homem americano? Pois Hawthorne se recusa a escrever e é possível imaginar que o tenha feito como um pai bondoso que recusa, não sem alguma ternura, uma brincadeira um tanto perigosa que seu filho lhe propõe. Mas, ao se recusar a escrever a história, Hawthorne não estava somente declinando de um convite generoso; ele trai o pacto com Melville, como o advogado em relação a Bartleby. E assim como Bartleby se reduz ao silêncio após a traição do advogado, Melville se silencia após a traição de Hawthorne. A correspondência entre ambos cessa e assim termina essa história fraternal.

Haverá ainda um último encontro entre ambos, anos mais tarde na Europa, em circunstâncias bastante significativas: o então cônsul Hawthorne estabelecido na Inglaterra e que tentara em vão um posto para Melville; este, com a saúde e as finanças bastante precárias, prestes a embarcar para o Oriente com um par de camisas e uma escova de dentes. Anos antes, em uma de suas cartas a Hawthorne, Melville havia escrito:

Aqui está a formidável verdade sobre Nathaniel Hawthorne. Ele diz Não! numa tempestade; mas o próprio Diabo não conseguiria fazê-lo dizer *sim*. Pois todos os homens que dizem *sim* mentem; e todos aqueles que dizem *não*... ora, estão na feliz condição de judiciosos viajantes que percorrem a Europa sem bagagens: eles cruzam as fronteiras da Eternidade com apenas uma bolsa de viagem – quer dizer, o Ego. Enquanto que esses senhores do *sim* viajam com um monte de bagagens e, que o Diabo os carreguem! eles não ultrapassam jamais a alfândega.

Talvez seja também significativo o fato de Melville publicar, logo após seu afastamento de Hawthorne, *Pierre*, em que trata então da relação de um homem com uma mulher, sua meia-irmã. Tempos mais tarde, Hawthorne escreverá em seu romance *Fauno de Mármore*:

Sou um homem e entre um homem e um outro homem há sempre um abismo intransponível. Eles não podem jamais estender inteiramente suas mãos; e por isso um homem não recebe nunca nenhuma ajuda íntima, nenhum amparo de coração de seu irmão homem, mas da mulher – sua mãe, sua irmã, ou sua esposa.

Palavras que seriam certamente endossadas por Melville. O fim de sua relação com Hawthorne não seria já o anúncio do fracasso da revolução americana, o fim de seu sonho e do sonho americano? Seja como for, Melville retorna para o mar.

BIBLIOGRAFIA

CHASE, R. V. *Melville: a collection of critical essays*. Englewood Cliffs, N.J.: Prentice-Hall, 1962.

DELEUZE, G. "Batleby, ou la formule", in *Critique et Clinique*. Paris: Minuit, 1993.

DURAND, R. *Melville, signes et métaphores*, Lausanne: L'Age d'homme, 1980.

HORTH, L. (ed.) *Correspondence / Herman Melville*. Evanston; Chicago: Northwestern University Press: Newberry Library, 1993.

JAWORSKI, P. "Introduction", in *Taïpi, Omou, Mardi/Herman Melville*, Bibliothèque de la Pléiade, Paris: Gallimard, 1997.

———. *Melville. Le désert et l'empire*, Presses de l'E.N.S., Paris, 1986.

LAWRENCE, D. H. *Études sur la literature classique américaine*. Paris: Seuil, 1948.

LEVIN, H. *The power of blackness: Hawthorne, Poe, Melville*. New York: Knopf, 1958.

LEYRIS, P. "Introduction", in MELVILLE, H. *D'où viens-tu, Hawthorne? Lettres à Nathaniel Hawthorne et à d'autres correspondantes, suivi de Hawthorne et ses Mousses*. Paris: Gallimard, 1986.

MATTHIESSEN, F. O. *American renaissance: art and expression in the age of Emerson and Whitman*. London/New York: Oxford University Press, 1941.

HAWTHORNE E SEUS MUSGOS

HAWTHORNE
E SEUS MUSGOS

Por um virginiano passando o mês de julho em Vermont

Um quarto forrado com papel de parede numa boa e velha casa de fazenda, a uma milha de qualquer outra habitação e mergulhada até o beiral na folhagem; cercada por montanhas, antigas florestas e açudes índios — este é, com certeza, o lugar para se escrever sobre Hawthorne. Há um certo encanto neste ar do norte pois o amor e o dever parecem ambos nos impelir à essa tarefa. Um homem de natureza grandiosa e profunda apossou-se de mim neste isolamento. Selvagem e enfeitiçadora, sua voz ressoa em mim; ou, em intonações mais doces, pareço ouvi-la no canto dos pássaros da colina, que cantam nos lariços junto à minha janela.

Quem dera todos os excelentes livros fossem crianças abandonadas, sem pai nem mãe; fosse assim, e poderíamos prestar-lhes homenagem sem mencionar seus pretensos autores. Nenhum homem de verdade recusaria isso —; e muito menos aquele que escreve: "Quando o Artista se eleva alto o suficiente para alcançar a Beleza, o símbolo pelo qual a faz perceptível aos sentidos mortais torna-se de pouco valor a seus olhos, enquanto seu espírito possui a si mesmo no gozo da realidade".

Mais do que isso. Não sei qual seria o nome correto para colocar na página de rosto de um excelente livro, mas tenho a impressão de que os nomes de todos os bons autores são fictícios, muito mais do que aquele de Junius — significando claramente, como eles o fazem, o místico e sempre esquivo Espírito de toda Beleza, que, de modo ubíquo, possui os homens de gênio. Por mais puramente inventiva que essa fantasia se apresente, ela parece receber entretanto alguma garantia do fato de que, em um encontro pessoal, nenhum grande autor jamais se elevou à idéia que dele fazia seu leitor. Mas como esse pó, de que nossos corpos são compostos, poderia exprimir de maneira adequada as mais grandiosas capacidades que se encontram entre nós? E diga-se, com todo o respeito, que nem mesmo no caso de alguém considerado superior ao homem, nem mesmo em nosso Salvador, puderam seus traços visíveis indicar qualquer sinal do caráter augusto de sua natureza interior. Senão, como poderiam aqueles judeus, testemunhas oculares, não ter visto o paraíso em Seu olhar?

É surpreendente como um homem pode viajar ao longo de um caminho no campo e, contudo, perder a mais esplêndida ou a mais doce vista por causa de uma cerca interposta, tão parecida com todas as outras cercas, que nada deixa adivinhar da vasta paisagem que se estende além. Assim foi para mim no que diz respeito à encantadora paisagem na alma desse Hawthorne, desse extraordinário Homem dos Musgos. Seu "Velho Presbitério" foi escrito há quatro anos já, mas nunca o tinha lido até um ou dois dias atrás. Eu o tinha visto nas livrarias – tinha ouvido falar dele amiúde – ele me havia sido mesmo recomendado por um amigo de bom gosto como um ótimo livro, sereno, talvez demasiado merecedor de popularidade para ser popular. Mas, há tantos livros que são chamados de "excelentes" e tantos os de mérito que são impopulares que, em meio a grande agitação de outras coisas, a sugestão de meu amigo de bom gosto foi desconsiderada e, por quatro anos, os *Musgos de um velho presbitério* nunca me refrescaram com seu verde vivaz. Pode ser, entretanto, que com todo esse tempo o livro, como o vinho, só tenha ganhado corpo e aroma. De qualquer modo, ocorreu que essa longa procrastinação redundou em um feliz resultado. Outro dia, no café da manhã, uma jovem da montanha, minha prima, que nas últimas duas semanas tem me servido todas as manhãs morangos e framboesas – os quais, como as rosas e as pérolas nos contos de fadas, parecem cair dentro do pires vindos desses canteiros de morangos que são suas bochechas – essa agradável criatura, essa charmosa Cherry me diz: "Vejo que você passa suas manhãs no celeiro, e lá eu encontrei ontem as *Viagens à Nova Inglaterra* de Dwight. Ora, tenho algo muito melhor que isso, algo mais apropriado ao nosso verão nessas montanhas. Tome essas framboesas e depois lhe darei algum musgo". "Musgo!", disse eu. "Sim, e você deve levá-lo à granja com você, e adeus Dwight."

Assim ela me deixou e logo retornou com um volume viçosamente encadernado e adornado com um curioso frontispício em verde — nada menos que um pedaço de musgo verdadeiro habilmente aplicado sobre a folha de guarda. "Ora!", disse eu deixando cair minhas framboesas, "isso é *Musgos de um velho presbitério*.". "Sim", disse prima Cherry, "sim, é aquele floreado do Hawthorne". "Hawthorne e Musgos", disse eu, "basta, é de manhã, é julho no campo e eu vou para a granja".

Estendido sobre trevos recém-ceifados, a brisa da vertente da colina soprando sobre mim através da ampla porta da granja e apaziguado pelo zunido de abelhas nas campinas circundantes, de que forma mágica se insinuou em mim esse Homem dos Musgos! E quão satisfatoriamente, quão generosamente cumpriu aquela deliciosa promessa a seus convidados do Velho Presbitério, a respeito dos quais está escrito: "Outros podem proporcionar-lhes prazer, divertimento ou instrução — tais coisas podem ser adquiridas em qualquer lugar — mas cabe a mim dar-lhes repouso. Repouso numa vida de atribulações! O que de melhor se poderia fazer a espíritos fatigados, cansados desse mundo? O que de melhor poderia ser feito para alguém que entra em nosso círculo mágico do que lançar sobre ele o feitiço de um espírito mágico?". Assim, ao longo daquele dia, semimergulhado no trevo fresco, eu contemplava, de Hawthorne, essa "aurora assíria, o pôr do sol e o nascer da lua pafianos do cume de nossa Colina Oriental".

Os suaves arrebatamentos do homem enredaram-me numa teia de sonhos e, quando o livro foi fechado, quando o sortilégio se findou, esse mágico "despediu-se apenas com confusas reminiscências, como se eu tivesse sonhado com ele".

Que meigo luar de humor contemplativo banha aquele Velho Presbitério! — a rica e rara destilação de um coração pungente escoando lentamente. Nenhuma grosseria escandalosa, nenhum gracejo vulgar nutrido por banquetes opulentos e procriado em borras de vinho —, mas um humor tão espiritualmente gentil, tão elevado, tão profundo e, no entanto, tão ricamente saboroso que dificilmente seria desapropriado num anjo. É a religião mesma da alegria; pois não há nada de tão humano que não possa se elevar até aí. O pomar do Velho Presbitério parece ser o emblema visível do espírito esplêndido que o descreveu. Essas velhas árvores tortas e disformes "que estendem seus ramos curvos e que se apoderam tão bem da imaginação que nós nos lembramos delas como acontecimentos singulares e excêntricos." E então, cercado por essas formas grotescas e silenciado no repouso do meio-dia pelo sortilégio de Hawthorne, quão apropriadamente pode a tranquila queda de seus rubros pensamentos em sua alma ser simbolizada pelo "som pesado de uma grande maçã, na tarde mais serena, caindo sem um sopro de vento, da mera necessidade de sua perfeita madureza!" Pois não menos maduras e rubras são as maçãs dos pensamentos e das fantasias desse doce Homem dos Musgos.

Botões de flores e cantos de pássaros — que coisa deliciosa é isso! — "Estará já o mundo tão decadente para que a Primavera não possa renovar seu verdor?" E o *Culto do Fogo*? Já teria sido a lareira tão exaltada como um altar? O simples título desse conto é melhor que qualquer outra obra comum em cinquenta volumes in-folio. Como é perfeito isso: "Nem era diminuído o charme de sua suave e familiar cortesia e prestimosidade pelo fato de que o espírito poderoso, se lhe fosse oferecida a ocasião, desembestaria pela pacífica casa, envolveria seus habitantes com seu terrível abraço e deles nada deixaria sobrar exceto seus ossos embranquecidos. Essa possibilidade de louca destruição só fez ficar mais bela e comovente sua doméstica gentileza. Era tão meigo de sua parte, sendo dotado de um tal poder, ficar estendido, dia após dia e uma longa e solitária noite após outra, sobre o piso enegrecido do avanço da lareira, traindo somente, uma vez ou outra, sua natureza selvagem ao empurrar sua língua vermelha para fora do topo da chaminé! Verdade, ele fez muita maldade no mundo e, certamente, estava prestes a fazer ainda mais, mas seu coração caloroso reparava tudo. Ele era bom para a raça humana".

Mas ele tinha ainda outras maçãs, não completamente tão vermelhas, embora plenamente tão maduras —; maçãs que foram deixadas a murchar nas árvores após ter passado a agradável colheita de outono. A composição do *Velho Mercador de Maçãs* é concebida no mais sutil espírito de tristeza; aquele cuja "infância submetida e tímida prefigurava sua aurora abortada, que continha igualmente dentro de si a profecia e a imagem de sua magra e entorpecida velhice". Sensibilidades como as que se encontram nesse trecho não podem proceder de um coração comum. Elas denotam uma tal profundidade de ternura, uma tal ilimitada simpatia por todas as formas de ser, um amor tão onipresente, que somos obrigados a dizer que esse Hawthorne é aqui quase o único de sua geração —, pelo menos na artística manifestação de tais coisas. Mais ainda. Sensibilidades como essas —, e muitas, muitas outras similares, ao longo de todos os seus capítulos — fornecem chaves que nos permitem penetrar um pouco mais no intrincado e profundo coração de onde se originaram. E vemos que o sofrimento, numa época ou noutra e numa forma ou noutra —, somente ele pode capacitar algum homem para desenhá-lo nos outros. Sobre toda sua pessoa, a melancolia de Hawthorne repousa como um Verão Índio que, embora banhando uma região inteira na mesma doçura, ainda revela a nuança distintiva de cada grande colina e de cada vale serpenteando ao longe.

Mas é a menor parte do gênio que provoca admiração. Até onde Hawthorne é conhecido, ele parece ser considerado um escritor agradável com um estilo agradável –, um homem tranquilo e inofensivo de quem dificilmente se esperaria alguma coisa profunda e pesada: um homem que não quer significar nada de significante. Mas não há homem algum no qual o humor e o amor, como os picos de uma montanha, sobem a uma tal sublime altura como para receber as irradiações dos mais altos céus –; não há homem algum no qual humor e amor são desenvolvidos nessa elevada forma chamada gênio; nem tal homem pode existir sem também possuir como o indispensável complemento destes, um grande, um profundo intelecto que mergulha no universo como uma sonda. Ou, amor e humor são somente os olhos através dos quais um tal intelecto vê seu mundo. A grande beleza num tal espírito não é senão o produto de sua força. O que, para todos os leitores, pode ser mais encantador do que a peça intitulada *Monsieur du Miroir*?; e, ao mesmo tempo, para um leitor de alguma maneira capaz de sondá-lo plenamente, o que pode possuir mais mística profundidade de significação? Sim, lá ele se senta e me olha –, essa "forma de mistério", esse "idêntico Monsieur du Miroir". "Parece-me que deveria tremer agora, se seu mágico poder de deslizar através de todos os obstáculos para me achar o colocasse subitamente diante de meus olhos".

Quão profunda, não, quão assustadora é a moral desenvolvida pelo *Earth's Holocaust*; onde — começando com as ocas loucuras e afetações do mundo —, todas as vaidades, todas as teorias e formas vazias são, uma após a outra e por uma extensão admiravelmente gradual e crescente, lançadas no fogo alegórico até que, finalmente, nada reste senão o coração humano que tudo engendra; o qual permanecendo ainda não consumado, a grande conflagração não é nada.

Assim como essa peça, *Intelligence Office* é uma maravilhosa simbolização das operações secretas nas almas dos homens. Há outros contos, ainda mais carregados de grave significação.

The Christmas Banquet e *The Bosom Serpent* seriam bons temas para uma estranha e elaborada análise relativa às partes conjeturais da mente que as produziu. Pois, a despeito de toda a luz do sol do verão índio sobre este lado da alma de Hawthorne, o outro lado — como a metade escura da esfera física — está coberto de um negrume dez vezes mais negro. Mas, essa escuridão não faz senão dar mais efeito à aurora sempre em movimento que avança sem cessar através dela e navega em torno de seu mundo. Que Hawthorne tenha simplesmente se servido desse negrume místico como um meio para produzir os efeitos maravilhosos de suas luzes e sombras, ou que realmente nele se esconda, talvez sem ele mesmo saber, um toque de obscuridade puritana —, isso eu não saberia dizer. É certo, contudo, que esse grande poder de negrume que o habita tira sua força de seus apelos àquela idéia calvinista de Inata Depravação e de Pecado Original, de cujas visitações, de uma forma ou de outra, nenhuma mente de pensamentos profundos está inteiramente livre para sempre. Pois, em certos estados de espírito, nenhum homem pode pesar esse mundo sem inserir alguma coisa na balança, algo como o Pecado Original para restabelecer o equilíbrio. Em todo caso, talvez nenhum escritor tenha alguma vez agitado esse espantoso pensamento com maior terror do que esse mesmo inofensivo Hawthorne. Mais ainda: esse conceito negro o impregna, de parte a parte. Você pode ser enfeitiçado por sua luz de sol, transportado pelas brilhantes cintilações dos céus que ele constrói acima de você —; mas há o negrume das trevas além; e mesmo suas brilhantes cintilações não são senão franjas a jogar sobre as bordas de nuvens de trovão. Numa palavra, o mundo se engana a respeito desse Nathaniel Hawthorne. Ele mesmo deve ter sorrido várias vezes com esse absurdo engano sobre si. Ele é incomensuravelmente mais profundo que a sonda do simples crítico. Pois não é o cérebro que pode examinar um tal homem; é somente o coração. Não podemos chegar a conhecer a grandeza inspecionando-a; não há nenhum olhar que a apreenda a não ser por intuição; não precisamos fazê-la tilintar, mas somente tocá-la e descobriremos que é ouro.

Ora, é esse negrume em Hawthorne de que falei que tanto me cativa e me fascina. Pode ser, todavia, que ele seja demasiado desenvolvido nele. Talvez ele não nos dê um raio de sua luz para cada sombra de sua escuridão. Mas, seja como for, é esse negrume que fornece a infinita obscuridade de seu pano de fundo —, esse pano de fundo sobre o qual Shakespeare joga com seus mais magníficos conceitos, coisas que lhe valeram seu mais alto renome, embora mais circunscrito, como o mais profundo dos pensadores. Pois Shakespeare não é adorado pelos filósofos como o grande homem da tragédia e da comédia. "Que cortem sua cabeça! Chega de Buckingham!", essa espécie de fala extravagante, interpolada por outra mão, faz a platéia explodir em aplausos —, essas almas enganadas que imaginam Shakespeare como um simples homem das corcundas de Ricardo III e dos punhais de Macbeth. Mas, são essas coisas muito profundas nele; são esses jorros ocasionais da Verdade intuitiva nele; essas curtas e rápidas sondagens do eixo mesmo da realidade —; tais são as coisas que fazem Shakespeare ser Shakespeare. Pelas bocas dos sombrios personagens de Hamlet, Timão, Lear e Iago, ele diz astuciosamente ou às vezes insinua coisas que sentimos serem espantosamente verdadeiras, que não seriam senão loucura para qualquer homem de bem enunciá-las ou mesmo sugeri-las em seu próprio nome. Atormentado até o desespero, Lear o rei frenético, arranca sua máscara e emite a sensata loucura da verdade vital.

Mas, como disse antes, é a menor parte do gênio que atrai a admiração. E assim, muito da cega e desenfreada admiração que tem sido cumulada a Shakespeare é dissipada sobre a menor parte dele. E poucos de seus infindáveis comentadores e críticos parecem ter se lembrado ou mesmo se apercebido de que os produtos imediatos de um grande espírito não são tão grandes quanto aquela não desenvolvida (e, algumas vezes, não desenvolvível) e, contudo, palidamente discernível grandeza da qual esses produtos imediatos são apenas os infalíveis indícios. No túmulo de Shakespeare jaz infinitamente mais do que Shakespeare já escreveu. E, se exalto Shakespeare, não é tanto pelo que ele fez mas antes pelo que ele não fez ou se absteve de fazer. Pois, neste mundo de mentiras, a Verdade é forçada a fugir como uma corça branca assustada, na floresta; e somente por lampejos fugazes ela se revelará, como em Shakespeare e noutros mestres da grande Arte de Contar a Verdade –, ainda que veladamente e por fragmentos.

Mas, se esse modo de ver o popularíssimo Shakespeare é raramente o de seus leitores, e, se muito poucos dos que o louvam, alguma vez o leram profundamente ou talvez somente o tenham visto sobre o palco enganador (que, sozinho, faz e continua a fazer apenas seu renome na multidão) –, se poucos homens têm tempo, paciência ou gosto pela verdade espiritual tal como ela se encontra nesse grande gênio –; então, não é surpresa que, em nossa época, Nathaniel Hawthorne seja um homem quase inteiramente incompreendido até agora entre os homens. Lá e cá, em alguma tranquila poltrona na cidade ruidosa, ou em algum profundo recanto entre as silenciosas montanhas, ele pode ser apreciado por algo que ele é. Mas, diferentemente de Shakespeare, que foi forçado pelas circunstâncias a tomar o partido contrário, Hawthorne (seja por simples falha de inclinação, seja por inaptidão) se abstém de todo o barulho e de todo alarde da grande farsa e da tragédia manchada de sangue que atraem a popularidade; satisfeito com as tranquilas e ricas efusões de um grande intelecto em repouso, e que envia poucos pensamentos à circulação, exceto quando são levados pelas artérias até seus grandes pulmões calorosos e expandidos em seu honesto coração.

Não é, porém, necessário que nos fixemos nesse seu negrume se isto não nos convém. Na verdade, nem todos os leitores o discernirão, pois ele é, na sua maior parte, apenas insinuado àqueles que podem melhor compreendê-lo e explicá-lo; ele não é imposto a todos igualmente.

Alguns podem se assustar ao ler Shakespeare e Hawthorne sobre a mesma página. Se um exemplo fosse necessário, eles podem dizer que menos luz bastaria para elucidar esse Hawthorne, esse pequeno homem nascido ontem. Mas, de bom grado, não sou um daqueles que, no que se refere a Shakespeare pelo menos, exemplifica a máxima de Rochefoucauld segundo a qual "exaltamos a reputação de alguém a fim de rebaixar a dos outros"; um daqueles que, para ensinar aos aspirantes à alma nobre que não há esperanças para eles, declaram Shakespeare completamente inalcançável. Mas Shakespeare tem sido quase alcançado. Há mentes que penetraram tão longe quanto Shakespeare no universo. E dificilmente existe um mortal que, num momento ou noutro, não tenha sentido em si tão grandes pensamentos quanto alguns daqueles que se encontram em Hamlet. Não devemos, por inferência, difamar a humanidade por causa de homem algum, seja ele quem for. Esta é uma compra de contentamento demasiado barata para a mediocridade consciente fazer. Além disso, essa absoluta e incondicional adoração por Shakespeare cresceu tanto que se tornou uma parte de nossas superstições anglo-saxônicas. Os Trinta e Nove artigos agora são Quarenta. A intolerância se introduziu nesse assunto. Vocês têm de acreditar que Shakespeare é inalcançável ou então abandonem o país. Mas, que espécie de crença é essa para um americano, um homem que é obrigado a carregar o progressismo republicano na Literatura bem como na Vida? Creiam-me, meus amigos, que Shakespeares estão nascendo neste dia às margens do Ohio. E ainda virá um dia quando diremos "quem lê um livro de um inglês moderno?" O grande erro parece ser que, mesmo com aqueles americanos que aguardam a vinda de um grande gênio literário entre nós, eles, de algum modo, imaginam que este virá em trajes do tempo da rainha Elizabeth –, que ele será um escritor de dramas fundados sobre a história antiga da Inglaterra ou sobre os contos de Bocaccio. Ao passo que grandes gênios são partes de suas épocas; eles mesmos são suas épocas e possuem uma coloração correspondente. Da mesma maneira os judeus que, enquanto seu Messias caminhava humildemente por suas ruas, ainda rezavam pela sua grandiosa chegada; procurando numa carruagem quem já estava entre eles montado em um asno. Não devemos nos esquecer de que, em sua própria época, Shakespeare não era Shakespeare, mas somente o Senhor William Shakespeare da hábil e florescente firma de Condell, Shakespeare & Co., proprietários do Globe Theatre de Londres; e que foi criticado por um autor cortês chamado Greene como sendo um "corvo arrogante" embelezado "com plumas de outros pássaros". Pois notemos bem, a imitação é frequentemente a primeira acusação lançada contra a verdadeira originalidade. Por que é assim, não há espaço para expor aqui. É preciso ter um grande espaço marinho para nele enunciar a Verdade; especialmente quando ela parece ter um aspecto de novidade, como a América em 1492, embora ela fosse tão antiga e talvez mais antiga do que a Ásia; somente que esses filósofos sagazes, marinheiros comuns, nunca a tinham visto antes, jurando que lá não havia senão água e luar.

Ora, não digo que Nathaniel de Salem seja maior que William de Avon, ou tão grande quanto. Mas, a diferença entre os dois homens não é, de forma alguma, incomensurável. Com alguma coisa a mais, Nathaniel será verdadeiramente William.

Quero dizer também que, se Shakespeare não tem sido igualado, ele certamente será superado, e superado por um americano nascido agora ou que ainda está por nascer. Pois jamais será nos bastará, que na maioria das outras coisas superamos o mundo em feitos assim como em vanglória, jamais nos bastará cruzarmos os braços e dizer: não além desse ponto não se pode avançar. Tampouco nos servirá, de modo algum, dizer que o mundo está ficando grisalho e encanecido agora, e que perdeu aquele fresco encanto que tinha outrora e em virtude do qual os grandes poetas dos tempos passados se tornaram o que estimamos que eles sejam. Não. O mundo é hoje tão jovem quanto no dia em que foi criado; e este orvalho matinal de Vermont é tão úmido aos meus pés quanto o orvalho do Éden foi aos pés de Adão. E tampouco a natureza foi totalmente revirada por nossos antepassados a ponto de não restar encantos e mistérios para essa última geração encontrar. Longe disso. A trilionésima parte ainda não foi dita; e tudo o que já foi dito apenas multiplica as possibilidades para o que resta ser dito. Não é tanto a escassez, mas a superabundância de materiais o que parece incapacitar os autores modernos.

Deixem, pois, a América prezar e estimar seus escritores; sim, deixem-na glorificá-los. Eles não são em tão grande número para que possam esgotar sua boa vontade. E, uma vez que ela tem bons amigos e parentes de sua própria família para encerrá-los em seu seio, não a deixem esbanjar seus abraços à família de um estrangeiro. Pois, acreditem ou não, a Inglaterra, afinal de contas, é, em muitas coisas, uma estranha para nós. A China é mais íntima e tem mais verdadeiro amor por nós do que ela. Mas, mesmo que não houvesse Hawthorne, Emerson, Whittier, Irving, Bryant, Dana, Cooper, Willis (não o autor de *Dashes*, mas o de *Belfry Pigeon*) – que não houvesse nenhum deles e outros do mesmo calibre entre nós, ainda assim, deixem a América prezar primeiro a mediocridade, mesmo em seus próprios filhos, antes que ela preze (pois em todos os lugares o mérito exige o reconhecimento de todos) a melhor excelência nos filhos de qualquer outro país. Deixem que seus próprios autores, digo eu, tenham a prioridade de apreciação. Fiquei muito contente com um impetuoso primo meu da Carolina que disse certa vez: "Se não houvesse na Literatura nenhum outro americano para defender –, ora, então eu defenderia Pop Emmons e sua *Fredoníada*, até que surgisse uma melhor epopéia, e juraria que ela não está muito atrás da *Ilíada*". Deixando as palavras de lado, em espírito, ele estava com a verdade.

Não que o gênio americano necessite de patrocínio a fim de se expandir. Pois essa espécie explosiva de substância se expandirá, mesmo que parafusada num torno, e o arrebentará, mesmo que este seja de aço triplo. É pelo bem da nação, e não pelo de seus autores, que desejaria ver a América atenta à crescente grandeza de seus escritores. Pois, que grande vergonha seria se outras nações viessem antes dela coroar seus heróis da pena. Mas, é quase este o caso agora. Autores americanos têm recebido mais justos e distintivos elogios (conquanto arrogante e ridiculamente dados em certos casos) mesmo de algum inglês do que de seus próprios compatriotas. Há, quando muito, cinco críticos na América; e muitos deles estão adormecidos. Com respeito ao patrocínio, é o autor americano que patrocina hoje o seu país e não o seu país que o patrocina. E se, algumas vezes, alguns dentre eles fazem apelo ao povo por maior reconhecimento, não o fazem sempre por motivos interesseiros, mas patrióticos.

É verdade que poucos dentre eles têm manifestado aquela originalidade indiscutível que merece grande louvor. Mas, aquele agradável escritor que, por acaso, dentre todos os americanos, tem recebido os maiores aplausos de seu próprio país por suas produções –, aquele muito popular e afável escritor, embora bom e autoconfiante em muitas coisas, talvez deva a maior parte de sua reputação à imitação consciente de um modelo estrangeiro e à fuga estudada de todos os tópicos que não os mais fáceis. No entanto, é melhor fracassar na originalidade do que ter sucesso na imitação. Aquele que nunca fracassou em alguma parte, tal homem não pode ser grande. O fracasso é a verdadeira prova de grandeza. E, se dissermos que o repetido sucesso é uma prova de que um homem conhece sabiamente seus poderes —, é somente para acrescentar, neste caso, que ele os conhece por serem pequenos. Deixem-nos acreditar, portanto, de uma vez por todas, que não há esperança para nós nesses fáceis e agradáveis escritores que conhecem seus poderes. Seja dito sem malícia, mas para falar do fato pura e simplesmente, eles não fornecem senão um apêndice a Goldsmith e a outros autores ingleses. E nós não queremos Goldsmiths americanos; não, não queremos Miltons americanos. A coisa mais intolerável que se poderia dizer de um verdadeiro autor americano seria a de que ele não passa de um Tompkins americano. Chame-o de um americano e pronto; pois não se pode dizer coisa mais nobre sobre ele. Isso não quer dizer que todos os escritores americanos devam aderir deliberadamente à nacionalidade em seus escritos; mas somente isso, que nenhum escritor americano deve escrever como um inglês ou um francês; deixem-no escrever como um homem, pois assim estará seguro de escrever como um americano. Deixem-nos longe dessa influência bostoniana de servilismo literário à Inglaterra. Se alguém deve mesmo desempenhar o papel de lacaio neste assunto, deixem a Inglaterra fazê-lo e não nós. E não está distante a hora em que as circunstâncias possam forçá-la a isso. Enquanto estamos rapidamente nos preparando para aquela supremacia política entre as nações, que espera por nós profeticamente no fim deste século; de um ponto de vista literário, estamos deploravelmente despreparados para isso; e parecemos zelosos em permanecermos assim. Até o presente, pôde haver razões para que assim fosse; mas já não existe nenhuma boa razão para isso. E tudo o que é exigido para se emendar nesse assunto é simplesmente o seguinte: que, embora reconhecendo livremente toda excelência em qualquer lugar que seja, devemos nos refrear em louvar indevidamente escritores estrangeiros e, ao mesmo tempo, reconhecer devidamente os escritores meritórios que nós temos —; esses escritores que respiram aquele espírito democrático inabalável da cristandade em todas as coisas, que agora praticamente dirige este mundo embora, ao mesmo tempo, dirigido por nós mesmos — nós, americanos. Deixem-nos condenar audaciosamente toda imitação, ainda que ela venha para nós graciosa e fragrante como a manhã; e encorajar toda originalidade, ainda que, no começo, ela seja tão intratável e tão feia quanto os nós de nossos pinheiros. E, se algum de nossos autores fracassar ou parecer fracassar, então, nas palavras de meu entusiasmado primo de Carolina, deixem-nos dar um tapa em suas costas e apoiá-lo contra toda a Europa para seu segundo *round*. A verdade é que, do nosso ponto de vista, essa questão de uma literatura nacional chegou a tal ponto conosco que, num certo sentido, devemos nos tornar briguentos senão a batalha estará perdida ou a superioridade tão longe de nós que dificilmente podemos dizer que ela será nossa alguma vez.

E agora, meus compatriotas, como um excelente autor de sua carne e de seu sangue –, um homem que não imita e, talvez a seu modo, um homem inimitável – quem melhor posso eu recomendar a vocês, em primeiro lugar, do que Nathaniel Hawthorne? Ele é um da nova, e de longe, da melhor geração de seus escritores. O odor de suas faias e de seus pinheiros o impregna; suas próprias vastas pradarias estão em sua alma; e se vocês adentrarem em sua profunda e nobre natureza, ouvirão o distante rugir de seu Niágara. Não deixem para as gerações futuras o alegre dever de reconhecê-lo pelo o que ele é. Tomem essa alegria para vocês mesmos, em sua própria geração; e então ele sentirá esses gratos impulsos nele que podem possivelmente incitá-lo ao pleno florescer de alguma façanha ainda maior a seus olhos. E, ao reconhecê-lo, dessa maneira, vocês reconhecem os outros; abraçam a irmandade inteira. Pois o gênio, no mundo inteiro, fica de mãos dadas, e um só choque de reconhecimento percorre todo o círculo.

Em se tratando de Hawthorne, ou antes, de Hawthorne em seus escritos (pois jamais vi o homem e, nas chances de uma pacata vida de agricultor, distante dos lugares que ele frequenta, talvez nunca hei de vê-lo), em se tratando de suas obras, até aqui omiti toda menção a seus *Twice-Told Tales* e a sua *A letra escarlate*. Ambos são excelentes; mas cheios de tão múltiplas, estranhas e difusas belezas que me faltaria tempo para apontar somente a metade delas. Mas há coisas nesses dois livros que, tivessem sido elas escritas na Inglaterra há cem anos atrás, Nathaniel Hawthorne teria tomado plenamente o lugar de muitos dos ilustres nomes que nós agora respeitamos com vigor. Não obstante, fico contente em deixar Hawthorne a si mesmo e à infalível busca de posteridade; e quão grandes possam ser os louvores que concedi a ele, sinto que, fazendo isso, servi e honrei mais a mim mesmo do que a ele. Pois, no fundo, a grande excelência é louvor suficiente para si mesma; mas o sentimento de um amor e de uma admiração sinceros e apreciativos em relação a ele é auxiliado pela expressão; e o louvor caloroso e honesto sempre deixa um agradável sabor na boca; e é uma coisa nobre confessar o que é nobre nos outros.

Mas não posso abandonar meu tema ainda. Nenhum homem pode ler um bom autor e saboreá-lo até os ossos enquanto lê sem fantasiar em seguida, para si mesmo, alguma imagem ideal do homem e de seu espírito. E, se vocês procurarem corretamente, encontrarão quase sempre que o próprio autor lhes forneceu em algum lugar seu próprio retrato. Pois os poetas (seja em prosa ou em versos), sendo pintores da natureza, são, como seus irmãos do pincel, verdadeiros retratistas que, na multidão de fisionomias a serem esboçadas, invariavelmente não omitem as suas próprias; e em todos os grandes exemplos eles as pintam sem nenhuma vaidade, embora, por vezes, com algo de furtivo que necessitaria de muitas páginas para se definir propriamente.

Submeto, portanto, à apreciação daqueles que conhecem melhor o homem pessoalmente, se o que se segue não é Nathaniel Hawthorne; e, para ele mesmo, se algo envolvido nele não exprime o temperamento de seu espírito, aquele temperamento duradouro de todo homem verdadeiro e franco, aquele de alguém que procura, não de alguém que já encontrou:

"Um homem entrou agora, em trajes negligentes, com aspecto de um pensador, mas, de algum modo, demasiado tosco e musculoso para um erudito. Sua face era cheia de intenso vigor, com algum atributo mais fino e mais penetrante por detrás; embora áspera à primeira vista, era contrabalançada pelo ardor de um grande coração caloroso que tinha força o bastante para aquecer seu poderoso intelecto de parte a parte. Ele avançou em direção ao Informante e olhou-o com um olhar de tão implacável sinceridade que poucos segredos talvez estivessem fora de seu alcance."

"Procuro a Verdade", disse ele.

***

Vinte e quatro horas se passaram desde que escrevi o que precede. Acabei de voltar do celeiro, tomado mais e mais de amor e de admiração por Hawthorne. Pois estava justamente a recolher através dos Musgos, colhendo cá e lá muitas coisas que havia previamente me escapado. E descobri que colher simplesmente seguindo esse homem é melhor do que estar na colheita de outros. Para ser franco (embora talvez um pouco tolo), apesar do que escrevi ontem sobre esses Musgos, eu não os tinha colhido todos então; mas tinha sido, contudo, suficientemente sensível à sua sutil essência para escrever como o fiz. A qual infinita altura de amorosa admiração e encantamento posso ainda ser levado quando, banqueteando-me com esses Musgos repetidas vezes, terei incorporado inteiramente toda sua substância no meu ser —, isto não posso dizer. Mas sinto já que esse Hawthorne deixou cair sementes germinantes em minha alma. Ele expande e se aprofunda quanto mais o contemplo; e projeta mais e mais suas fortes raízes da Nova Inglaterra no solo quente de minha alma sulista.

Por uma cuidadosa consulta ao Sumário, constato agora que passei por todos os contos; mas, quando escrevi ontem, não tinha absolutamente lido duas peças notáveis para as quais desejo agora chamar especial atenção —, *A Select Party* (Uma festa seleta) e *Young Goodman Brown* (O jovem compadre Brown). Seja dito aqui a todos aqueles que este meu pobre rabisco fugaz pode incitar a uma leitura atenta dos *Musgos*, que eles não devem, de forma alguma, se deixar desapontar ou enganar com a banalidade de muitos títulos desses contos, ou zombar deles. Pois, em mais de um caso, o título trai inteiramente a peça. É como se rústicas garrafas *demijohns*, contendo os melhores e mais caros vinhos de Falerno e de Tokay, fossem etiquetadas "Cidra", "Perada" e "Vinho de Sabugo". A verdade parece ser que, como muitos outros gênios, esse Homem dos Musgos se deleita em lograr o mundo —, pelo menos com respeito a si mesmo. Pessoalmente, não duvido de que ele antes prefira ser geralmente estimado tão somente como um tipo de autor mais ou menos; querendo reservar a apreciação minuciosa e penetrante do que ele é àquela parte mais qualificada para julgar — isto é, a si mesmo. Além disso, no fundo de suas naturezas, homens como Hawthorne, em muitas coisas, consideram os aplausos do público como uma evidência tão forte e presumível de mediocridade naqueles a quem se dirigem, que os faria, em algum grau, duvidar de seus próprios poderes caso ouvissem muitos zurros vociferantes dirigidos a eles nas pastagens públicas. É verdade que tenho zurrado eu mesmo (se lhes agradar ser perspicazes o bastante para interpretarem desse modo), mas então reivindico ser o primeiro a ter zurrado tanto sobre essa questão específica; e, por esta razão, declarando-me culpado da acusação, ainda reivindico todo o mérito devido à originalidade.

Mas, qualquer que seja o motivo, jocoso ou profundo, pelo qual Nathaniel Hawthorne escolheu intitular suas peças da maneira como o fez, é certo que algumas delas são diretamente calculadas para enganar – enganar de maneira flagrante o leitor superficial de suas páginas.

Para ser honesto e franco uma vez mais, deixem-me dizer alegremente que dois desses títulos enganaram desconsoladamente um leitor atento como eu; e isto, após eu ter sido impressionado pelo sentimento da grande profundidade e largueza de vistas desse americano. "Quem, em nome do trovão" (como dizem por aqui as pessoas do campo), "Quem, em nome do trovão" anteciparia alguma maravilha numa peça intitulada *Young Goodman Brown*? Poderíamos supor, é lógico, que se trata de uma pequena e simples história destinada a ser um suplemento de *Goody Two Shoes*[1] Ao passo que é tão profunda quanto Dante, e não se poderia terminá-la sem dirigir ao autor as suas próprias palavras – "Cabe a vocês penetrarem, em cada peito, no profundo mistério do pecado". E também, com o Jovem Compadre, na perseguição alegórica de sua esposa puritana, clamamos em nossa angústia –, "Fé! – gritou Compadre Brown com uma voz atormentada e desesperadora; e os ecos da floresta zombaram dele, gritando: 'Fé! Fé!' como se coitados desnorteados estivessem todos procurando-a ao longo do deserto".

Ora, essa mesma peça intitulada *Jovem Compadre Brown* é uma das duas que eu não tinha lido in-

---

[1] Referência à história de ninar *The History of Little Goody Two-Shoes*, atribuída Oliver Goldsmith e publicada em 1765.

teiramente ontem, e faço alusão a ela agora por que é, em si mesma, um tal forte e inequívoco exemplo do negrume em Hawthorne, o qual havia eu presumido de suas meras sombras ocasionais, como os revelados em vários outros contos. Mas, tivesse eu previamente examinado com atenção o *Jovem Compadre Brown*, teria, sem dificuldades, tirado a conclusão a qual cheguei daquela vez, quando ignorava que o livro continha uma tão direta e categórica manifestação dele.

A outra peça das duas referidas é intitulada *Uma festa seleta* a qual, em minha simplicidade inicial ao apoderar-me originalmente do livro, imaginava dever tratar-se de alguma festa com tortas de abóbora na Velha Salem, ou alguma festa com sopa de peixe em Cabo Cod. Ao passo que, por todos os deuses de Peedee! é a coisa mais doce e mais sublime que foi escrita desde Spencer. Não, não há nada em Spencer que a supere, nada talvez que se iguale a ela. E a prova é a seguinte: leiamos qualquer canto de *A rainha das fadas*, e em seguida leiamos *Uma Festa Seleta*, e decidamos qual delas mais nos agrada —, isto é, se somos qualificados para julgar. Não nos intimidemos com isso; pois, quando Spencer estava vivo, ele era considerado quase como Hawthorne é hoje —, era considerado em geral somente como um "gentil" homem inofensivo. Pode ser que, para um olhar comum, a sublimidade de Hawthorne pareça perdida em sua suavidade —, como talvez nessa sua mesma

Festa seleta, para a qual construiu uma tão augusta cúpula de nuvens crepusculares e as serviu em pratos mais ricos que os de Baltazar quando convida seus nobres a banquetearem-se na Babilônia.

Mas, meu principal propósito agora é o de chamar a atenção para uma página extraordinária dessa peça que se refere a um convidado de honra que, sob o nome de "Mestre Gênio" mas sob a aparência de "um homem jovem mal vestido sem insígnias de posto ou sem uma reconhecida eminência", é apresentado ao Homem da Imaginação que é quem dá a festa. Ora, a página que se refere a esse "Mestre Gênio" exprime de modo tão feliz muito do que escrevi ontem a respeito da vinda do Messias literário da América, que não posso senão ficar encantado com a coincidência; especialmente quando mostra uma tal paridade de idéias, pelo menos neste único ponto, entre um homem como Hawthorne e um homem como eu.

E aqui, que me seja permitido emitir outra concepção minha relativa a esse Messias americano ou "Mestre Gênio", tal como Hawthorne o chama. Não pode ocorrer que esse espírito imponente não tenha sido, não é, e nunca será individualmente desenvolvido num único homem? E pareceria, de fato, tão insensato supor que essa grande plenitude transbordante possa ser, ou possa ser destinada a ser compartilhada por uma pluralidade de homens de gênio? Certamente, para se tomar somente o maior exemplo registrado, Shakespeare não pode ser considerado como a concreção de todos os gênios de seu tempo nele mesmo? nem como tão incomensuravelmente além de Marlow, Webster, Ford, Beaumont, Jonson, que de tais grandes homens pode-se dizer que nada compartilharam de seu poder? Quanto a mim, penso que havia dramaturgos da era elisabetana cuja distância entre eles e Shakespeare não era grande em hipótese alguma. Deixem qualquer um, até agora pouco familiarizado com esses negligenciados velhos autores, lê-los pela primeira vez do começo ao fim, ou ler simplesmente os *Specimens* que Charles Lamb deu deles, e então ficará estupefato com o talento maravilhoso desses filhos de Anak, e chocado com esse exemplo renovado do fato de que a Fortuna tem mais a ver com a fama do que com o mérito –, embora, sem mérito, não possa haver fama duradoura.

Contudo, argumentar-se-ia de forma muita errada sobre meu país se essa máxima coubesse bem para Nathaniel Hawthorne, um homem que já iluminou algumas poucas mentes "tal como uma luz que nunca ilumina a terra, salvo quando um grande coração queima como o fogo da casa de um esplêndido intelecto".

As palavras são dele, na *Festa seleta*, e elas constituem um cenário magnífico para um sentimento meu coincidente, mas que exprimi ontem de maneira desconexa em referência a ele mesmo. Contradiga quem quiser, enquanto escrevo agora, sou a Posteridade falando por procuração – e os tempos vindouros me darão razão quando declaro que o americano que, até o presente dia, tem manifestado em literatura o maior cérebro com o maior coração, tal homem é Nathaniel Hawthorne. Além do mais, o que quer que Nathaniel Hawthorne possa escrever doravante, *Musgos de um velho presbitério* será considerado, no final das contas, sua obra-prima. Pois, em algumas obras, há um sinal seguro, embora secreto, que prova a culminação dos poderes (somente aqueles que são passíveis de desenvolvimento, todavia) que as produziram. Mas não desejo, de forma alguma, a glória de um profeta. Peço ao Céu que Hawthorne possa *ainda* provar que sou um impostor nessa predição. Especialmente porque eu, de algum modo, me apeguei à estranha fantasia de que, em todos os homens, residem escondidas certas maravilhosas propriedades ocultas – como em alguma plantas e minerais – as quais, por algum feliz mas raro acidente (assim como o bronze foi descoberto pela fusão do ferro e do cobre no incêndio de Corinto), podem ter a sorte de serem chamadas a se manifestar aqui sobre a terra; não esperando inteiramente por sua melhor descoberta na mais apropriada e abençoada atmosfera do Céu.

Uma palavra a mais – pois é difícil ser finito sobre um tema infinito, e todos os temas são infinitos. Para algumas pessoas, todos esses meus rabiscos podem ser considerados inteiramente desnecessários, tanto mais que, "há anos atrás" (eles podem dizer) "nós encontramos a rica e rara substância desse Hawthorne, a qual você agora exibe publicamente, como se somente *você mesmo* fosse o descobridor deste diamante português de nossa literatura." Mas mesmo concedendo tudo isso e acrescentando a quase certeza de que os livros de Hawthorne sejam vendidos a cinco mil exemplares —, o que isto significa? Eles deveriam ser vendidos a centenas de milhares; e lido por milhões; e admirado por todos aqueles que são capazes de admiração.

CORRESPONDÊNCIA

A NATHANIEL HAWTHORNE

Pittsfield, quarta-feira, 29 de janeiro de 1851

Esse golpe indireto através da senhora Hawthorne não há de surtir efeito. Não serei dissuadido de meu prazer prometido por nenhum encantamento sirênico dessa dama. *Você*, Senhor, é quem tomo como responsável, e a visita (em toda sua original integralidade) deve ser feita. — O que! somente *passar o dia* conosco?[1] — Um groenlandês poderia também falar em passar o dia com um amigo, quando o dia tem somente meia polegada de duração.

Como eu disse antes, meu melhor trenó de viagem estará à sua porta, e providências foram tomadas não somente para a acomodação de toda a sua família, mas também para qualquer quantidade de *bagagem*.

---

[1] Quando de sua primeira visita aos Hawthorne ocorrida uma semana antes, havia sido acordado que a família inteira — senhor e senhora Hawthorne e os dois filhos — passaria alguns dias na casa de fazenda de Melville. O "golpe indireto" referido aqui diz respeito a uma carta da sra. Hawthorne enviada no dia 26 na qual promete somente "passar o dia" em sua casa, daí o protesto de Melville exigindo que a visita fosse realizada "em toda sua original integralidade".

Não tema, você não nos causará o menor trabalho. Sua cama já está feita, e a lenha preparada para o seu fogo. Ainda há pouco, olhei nos olhos de duas aves cujas caudas foram chanfradas, enquanto vítimas destinadas à mesa. Guardo a palavra "Bem-vindo" o tempo todo em minha boca, de maneira a estar pronto para o instante em que você cruzar a soleira da porta.

(A propósito, os antigos romanos, como você sabe, tinham um *Salve* gravado em *suas* soleiras.)

Outra coisa sr. Hawthorne – não pense que está vindo para alguma casa afetada e cheio de etiquetas – isto é, cheio de etiquetas de maneira habitual. Você não há de ficar muito aborrecido com formalidades. Pode fazer o que desejar – dizer ou *não* dizer o que lhe agradar. E se sentir qualquer inclinação para esse tipo de coisa – você pode passar o período de sua visita *na cama*, se quiser – cada hora de sua visita.

Preste atenção – há um excelente Montado Sherry esperando por você e um Porto muito potente. Nós teremos vinho quente com sabedoria, e torradas amanteigadas enquanto contamos histórias, ótimas anedotas e garrafas de manhã até a noite.

Venha – sem tolices. Senão – mandarei guardas atrás de você.

Quarta-feira então – se o tempo permitir a viagem de trenó, buscarei vocês lá pelas onze horas da manhã.

A propósito – se a senhora Hawthorne, por alguma razão, concluir que *ela* não pode, quanto a ela, passar a noite conosco — então *você* deve — e as crianças, se você quiser.

H. Melville

A NATHANIEL HAWTHORNE

Pittsfield, manhã de quarta-feira, 16 de abril de 1851

Meu Caro Hawthorne,

No que diz respeito aos sapatos do jovem cavalheiro,[2] devo dizer que um par que lhe caiba, do modelo desejado, não pode ser encontrado em toda Pittsfield —, um fato que enfraquece lamentavelmente aquele orgulho metropolitano que me inspirava outrora a capital de Berkshire. De agora em diante, Pittsfield deve esconder seu rosto. Contudo, se um par de *botinas* servir, Pittsfield ficará muito feliz em provê-lo. Queira mencionar tudo isso a sra. Hawthorne e mandem-me instruções.

"*A Casa das Sete Torres*: Um Romance. Por Nathaniel Hawthorne. Um vol. In-16, 334 páginas." O conteúdo deste livro não desmente seu título romântico, rico e agrupando várias coisas. Com grande alegria passamos quase uma hora em cada torre em separado. Este livro é como um belo quarto antigo mobiliado abundantemente mas, no entanto, de maneira criteriosa, com aquela espécie de móveis que

[2] Trata-se de um dos filhos de Hawthorne, Julian, então com 5 anos, e dois anos mais novo que sua irmã Una.

precisamente melhor lhe convém. Há ricas tapeçarias nas quais estão bordadas cenas das tragédias! Há uma antiga porcelana chinesa com refinados padrões disposta sobre um guarda-louça esculpido; há compridos e indolentes sofás para se atirar sobre eles; há um admirável bufê abundantemente guarnecido com bons alimentos; há um odor como o de um velho vinho na dispensa; e, finalmente, num canto, há um escuro e pequeno livro escrito em letras góticas, com fecho dourado, intitulado *"Hawthorne: Um Problema"*. Ele nos encantou; provocou sua releitura; roubou-nos um dia, e nos deu de presente um ano inteiro de meditações; ele produziu grande felicidade e exultação com a lembrança de que o arquiteto das Torres reside somente a seis milhas daqui e não a três mil milhas de distância, na Inglaterra, por exemplo. Achamos que o livro, pelo deleite de um interesse contínuo, supera as outras obras do autor. As cortinas estão mais abertas; entra mais sol; as alegrias despontam mais. Se tivéssemos que particularizar o que mais nos impressionou nas passagens mais profundas, indicaríamos a cena em que Clifford, por um momento, deseja se atirar pela janela para juntar-se à procissão; ou a cena em que o juiz é deixado sentado em sua cadeira ancestral. Clifford está inteiramente tomado por uma terrível verdade. Ele é concebido no mais puro e verdadeiro espírito. Ele não é uma caricatura. Ele é Clifford. E aqui nós desejamos dizer que, se as circunstâncias permitirem, não há nada de que mais gostaríamos do que consagrar um elaborado e cuidadoso estudo à completa consideração e análise do sentido e da significação daquilo que tão fortemente caracteriza todos os escritos desse autor. Há uma certa fase trágica da humanidade que, em nossa opinião, nunca foi mais poderosamente personificada do que por Hawthorne. Queremos dizer o caráter trágico do pensamento humano em suas próprias operações imparciais, inatas, mais profundas. Achamos que, em nenhum espírito conhecido, o intenso sentimento da verdade visível jamais penetrou tão profundamente do que no desse homem. Por verdade visível entendemos a apreensão da absoluta condição das coisas presentes tal como elas atingem o olhar do homem que não as teme, embora lhe sejam maléficas –, o homem que, como a Rússia ou o Império Inglês, declara a si mesmo uma natureza soberana (em si mesmo) dentre os poderes do céu, do inferno e da terra. Ele pode perecer; mas, enquanto existir, insistirá em tratar com todos os Poderes de igual para igual. Se alguns desses Poderes escolherem reter certos segredos, deixe-os; isso não enfraquece minha soberania em mim mesmo; isso não me torna tributário. E, talvez, no final das contas, *não* haja segredo. Estamos inclinados a pensar que o Problema do Universo é como o poderoso segredo da franco-maçonaria, tão horrível para todas as crianças. Ele se revela, no final, consistir em um triângulo, uma marreta e um avental –, nada mais! Estamos inclinados a pensar que Deus não pode explicar Seus próprios segredos, e que Ele gostaria de uma pequena informação sobre certos pontos de Si Mesmo. Nós, mortais, O espantamos, assim como Ele nos espanta. Mas é esse o *Ser* da questão, aqui se encontra o laço com o qual nos enforcamos a nós mesmos. Tão logo você diz *Eu*, um *Deus*, uma *Natureza*, de imediato você salta de seu banquinho e se dependura no poste. Sim, essa palavra é o carrasco. Tire Deus do dicionário e você O terá nas ruas.

Aqui está a formidável verdade sobre Nathaniel Hawthorne. Ele diz Não! numa tempestade; mas o próprio Diabo não conseguiria fazê-lo dizer *sim*. Pois todos os homens que dizem *sim* mentem; e todos aqueles que dizem *não*... ora, estão na feliz condição de judiciosos viajantes que percorrem a Europa sem bagagens: eles cruzam as fronteiras da Eternidade com apenas uma bolsa de viagem — quer dizer, o Ego. Enquanto que esses senhores do *sim* viajam com um monte de bagagens e, que o Diabo os carregue! eles não ultrapassam jamais a alfândega. Qual é a razão, sr. Hawthorne, para que, nos últimos estágios da metafísica, um sujeito passe sempre a *jurar* desse modo? Poderia continuar por mais uma hora. Veja você, comecei com uma pequena crítica extraída a seu favor da "Pittsfield Secret Review", e eis que aportei na África.

Dê uma caminhada numa dessas manhãs e venha me ver. Sem tolices, venha.i Lembranças à sra. Hawthorne e às crianças.

H. Melville

p.s. O casamento de Phoebe com o daguerreotipista é um belo golpe porque ele se revela ser um *Maule*. Se você passar pela loja de Hepzibah, compre-me um Jim Crow (novo) e me mande por Ned Higgins.[3]

A NATHANIEL HAWTHORNE

Pittsfield, primeiro de junho de 1851

Meu caro Hawthorne

Há muito tempo que eu deveria ter me chacoalhado até você em minha charrete de tábuas de pinho se, desde algumas semanas atrás, não estivesse mais ocupado do que você possa imaginar — fora de casa — construindo, consertando, remendando em todas as direções. Ademais, tive minhas colheitas para fazer — milho e batatas (espero mostrar a você algumas das famosas logo, logo) —, e muitas outras coisas para cuidar, todas se acumulando nessa única e específica estação. Trabalho com minhas próprias mãos; e à noite minhas sensações corporais são parecidas com aquelas que eu frequentemente sentia antes, quando era um empregado, fazendo meu trabalho diário de sol a sol. Mas, pretendo continuar lhe visitando até que você me diga que minhas visitas são desnecessárias e supérfluas. Com nenhum filho de homem observo alguma etiqueta ou cerimônia exceto as cristãs, de caridade e de honestidade. Disseram-me, meu

---

[3] Todos os nomes citados nesse *post-scriptum* são de personagens do romance de Hawthorne *A Casa das Sete Torres*.

camarada, que há uma aristocracia do cérebro. Alguns homens têm defendido e afirmado isso audaciosamente. Schiller parece tê-lo feito, embora eu não saiba muito sobre ele. Em todo caso, é verdade que há aqueles que, embora sejam ardorosos defensores da igualdade política, ainda assim aceitam as propriedades intelectuais. E posso perceber bem, creio eu, como um homem de espírito superior pode, por sua intensa cultura, conduzir a si mesmo, por assim dizer, a uma certa aristocracia espontânea de sentimento — excessivamente delicada e refinada — similar àquela que, num Howard[4] inglês, transmite um choque de peixe-elétrico ao menor contato com um plebeu social. Assim, quando você vir ou ouvir algo de minha cruel democracia de todos os lados, você pode sentir possivelmente um ligeiro acesso de recuo ou algo desse tipo. É natural ficar desconfiado de um mortal a declarar audaciosamente que um ladrão na cadeia é um personagem tão nobre quanto o general George Washington. Isso é cômico. Mas a Verdade é a coisa mais estúpida sob o sol. Tente ganhar a vida através da Verdade — e você irá direto para a Sopa Popular. Céus! Deixem qualquer pastor pregar a Verdade de sua fortaleza, o púlpito, e o farão cavalgar para fora de sua igreja sobre a rampa de seu próprio púlpito. Dificilmente se pode duvidar que todos os Reformadores se baseiam, mais ou menos, sobre a verdade; e para o mundo em geral, não são os reformadores

---

[4] Tradicional família inglesa cuja origem data do século X.

quase universalmente motivos de riso? Por que isso? A verdade é ridícula para os homens. Assim, confortavelmente aqui em meu quarto, convencido e tagarela, inverto o critério de lorde Shaftesbury.[5]

Parece uma incoerência defender a democracia incondicional em todas as coisas e confessar, entretanto, uma aversão a toda humanidade — como um todo. Porém, não é nada disso. Mas, trata-se de um sermão infindável — basta. Comecei dizendo que a razão de eu não ter ido a Lenox é essa — à noite, sinto-me completamente acabado, como se diz, e incapaz de enfrentar as longas sacudidas para chegar até sua casa e voltar. Em uma semana, mais ou menos, vou para Nova York, para me enterrar num quarto no terceiro andar, e trabalhar como um escravo em minha "Baleia" enquanto ela vai para o prelo. *Esta* é a única maneira de terminá-la agora —, o tanto que sou arrastado para lá e para cá pelas circunstâncias. A calma, a frieza, o humor silencioso da grama crescendo com os quais um homem *deve* sempre compor —, temo que isso não possa ser senão raramente o meu caso. Os dólares me condenam ao inferno; e o malévolo Diabo está sempre arreganhando os dentes para mim, mantendo a porta entreaberta. Meu caro Senhor, tenho um pressentimento — eu deverei finalmente ficar gasto e perecer como um velho ralador de noz-moscada, feito aos pedaços pelo constante atrito com

---

[5] Segundo esse moralista do século XVIII, um dos aspectos da verdade seria o de justamente sobreviver ao ridículo.

a madeira, isto é, com a noz-moscada. O que sinto mais inclinado a escrever, me é proibido — não será satisfatório. Entretanto, considerando-se tudo, não posso escrever de *outra* maneira. Desse modo, o produto é uma bagunça final, e todos os meus livros são malfeitos. Estou talvez um pouco aborrecido nesta carta, mas veja minha mão! — quatro bolhas nesta palma provocadas por enxadas e martelos durante os últimos dias. É uma manhã chuvosa; assim, estou dentro de casa e todo o trabalho está suspenso. Sinto-me alegremente disposto e, portanto, escrevo de uma maneira um pouco melancólica. Queria ter Gin aqui! Se alguma vez, meu caro Hawthorne, nos tempos eternos que virão, você e eu tivermos que nos sentar no Paraíso, sozinhos em algum pequeno canto escuro; se, de algum jeito, formos capazes de contrabandear uma caixa de champanhe (não acredito num Paraíso Abstêmio), e se cruzarmos nossas pernas celestiais na grama celestial que é sempre tropical e entrechocarmos nossas taças e nossas cabeças em conjunto até que ambas toquem musicalmente em concerto, então, ó meu caro companheiro de morte, como deveremos discursar agradavelmente sobre todas as múltiplas coisas que tanto nos afligem agora —, quando a terra inteira não deverá ser senão uma reminiscência, sim, sua dissolução final, uma antiguidade. Então canções deverão ser compostas como aquelas quando findam as guerras; canções humorísticas, cômicas —, "Ó, quando eu vivia naquele esquisito pequeno buraco chamado mundo", ou "Ó, quando eu penava e suava lá embaixo", ou então "Ó, quando eu golpeava e era golpeado nas batalhas" – sim, deixem-nos aguardar com ansiedade por tais coisas. Deixem-nos jurar que, se nós suamos agora, é por causa do calor seco que é indispensável à nutrição da vinha, a qual carregará as uvas que nos dará em seguida nosso champanhe.

Mas, eu estava falando sobre a "Baleia". Como os pescadores dizem, "ela está em seus espasmos de agonia" quando eu a deixei há três semanas atrás. Vou, contudo, pegá-la pela mandíbula antes que seja tarde e terminá-la de uma maneira ou de outra. De que adianta elaborar o que, em sua essência mesma, tem vida tão curta quanto um livro moderno? Uma vez que escrevi os Evangelhos neste século, deveria morrer na sarjeta. Só falo de mim mesmo e isso é egoísmo e egocentrismo. Concedo. Mas como evitar? Estou escrevendo para você; sei pouco sobre você, porém, algo sobre mim mesmo, assim, escrevo sobre mim –, pelo menos para você. Não se incomode em escrever; e não se incomode em me visitar; e quando vier *mesmo* me visitar, não se incomode em falar. Farei tudo, eu mesmo, escrever, visitar e falar – a propósito, no último *Dollar Magazine*, li *O pecado imperdoável*. Era um sujeito triste esse Ethan Brand.[6] Não tenho dúvidas de que você seja nesse momento responsável por muita agitação e tremor na tribo do

---

[6] Título de um conto de Hawthorne publicado pela primeira vez em 1850.

"grande público". Trata-se de um assustador credo poético aquele no qual a cultura do cérebro devora o coração. Mas é minha *prosaica* opinião que, na maioria dos casos, naqueles homens que têm bons cérebros e que fazem bom uso deles, o coração se estende até às coxas. E ainda que você os defume no fogo do sofrimento como verdadeiros pernis, a cabeça dá apenas mais rico e melhor sabor. Sou pelo coração. Para os cães a cabeça! Prefiro ser um tolo com coração do que Júpiter Olímpico com sua cabeça. A razão de os homens em geral temerem Deus e, no fundo, detestarem-No, é porque desconfiam antes de Seu coração, e O imaginam todo cérebro como um relógio. (Você nota que eu emprego letra maiúscula no pronome que se refere a Deidade; você não acha que há um pouco de adulação nesse uso?) Outra coisa. Estive outro dia por vinte e quatro horas em Nova York, e vi um retrato de N. H. E tenho visto e escutado muitas alusões lisonjeiras (de um ponto de vista de editor) às *Sete Torres*. E vi *Contos* e "Um Novo Volume" anunciado, de N. H. De modo que, em suma, digo para mim mesmo, esse N. H. está em ascensão. Meu caro sr., eles começam a lhe patrocinar. Toda Fama é patrocínio. Deixem-me ser um infame: não há patrocínio *nisso*. A "reputação" que tem H. M. é horrível. Pense nisso! Passar à posteridade já é ruim o bastante, de qualquer maneira; mas, passar como um "homem que viveu entre canibais"! Quando falo em posteridade em referência a mim mesmo, quero dizer somente dos bebês que provavelmente nascerão imediatamente após ter entregado minha alma. Deverei passar à posteridade para alguns deles, com toda probabilidade. *Taipi* lhes será dado, talvez, com seus bolos de gengibre. Chego a encarar essa questão da Fama como a mais transparente de todas as vaidades. Leio Salomão mais e mais, e vejo nele, a cada vez, significações mais e mais profundas e inexprimíveis. Há um ano atrás não pensava na Fama como agora. Todo o meu desenvolvimento tem sido feito há poucos anos atrás. Sou como uma daquelas sementes retiradas das Pirâmides do Egito a qual, após ter sido durante três mil anos uma semente e nada mais do que uma semente, ao ser plantada em solo inglês, se desenvolveu, cresceu em verdor e depois tombou apodrecida. Assim sou eu. Até os vinte e cinco anos não tive desenvolvimento algum. É a partir dos vinte cinco anos que dato minha vida. Não se passaram nem mesmo três semanas, em algum momento entre essa época e agora, que eu não tenha me desenvolvido interiormente. Mas sinto que atingi agora a folha mais interna do bulbo e que logo a flor secará. Parece-me que, nesse momento, Salomão foi o homem mais verídico que já tenha alguma vez falado e, contudo, ele *arranjou* um pouco a verdade tendo em vista o conservadorismo popular; ou então houve muitas corrupções e interpolações no texto. Lendo alguns dos dizeres de Goethe, tão venerado por seus fiéis, encontro por acaso o seguinte: *"Viva no todo"*.

Isto é, sua identidade separada não é senão desprezível –, bom; mas, saia de si mesmo, espalhe-se e se expanda, e traga para si os frêmitos de vida que são sentidos nas flores e nas árvores, que são sentidos nos planetas Saturno e Vênus, e nas Estrelas Fixas. Que bobagem! Eis um sujeito com uma terrível dor de dente. "Meu querido rapaz," Goethe lhe diz, "você está dolorosamente atormentado com esse dente; mas você deve *viver no todo* e então ficará feliz!" Como em todos os grandes gênios, há uma imensa porção de disparate em Goethe, e à proporção de meu próprio contato com ele, uma monstruosa quantidade disso em mim.

H. Melville

P.S. "Amém!", diz Hawthorne. Há, entretanto, alguma verdade nesse sentimento do "todo". Você deve tê-lo sentido muitas vezes, deitado sobre a grama num dia quente de verão. Suas pernas parecem emitir raízes para dentro da terra. Seus cabelos, você os sente como folhas sobre sua cabeça. Tal é o sentimento do *todo*. Mas, o que prejudica a verdade é que os homens insistem na aplicação universal de um sentimento ou de uma opinião passageira.

P.S. Você não deve deixar de admirar meu discernimento em pagar a postagem desta carta.

A NATHANIEL HAWTHORNE

Pittsfield, 29 de junho de 1851

Meu caro Hawthorne

O ar límpido e a janela aberta me convidam a escrever para você. Desde algum tempo tenho estado tão ocupado com mil coisas que quase esqueci quando foi a última vez que escrevi a você e se recebi uma resposta. Esta estação tão persuasiva me trouxe novamente ao espírito, desde algumas semanas, certas quimeras excêntricas e mais que lúgubres, tais como aquelas que homens como você e eu e alguns outros, formando uma cadeia de postos de Deus ao redor do mundo, devem estar prontos para encontrar de tempos em tempos e lutar contra elas da melhor maneira que pudermos. Mas elas virão —, pois, nos desertos selvagens, sem limites e sem caminhos, mas ainda deslumbrantes, pelos quais se espalham esses postos avançados, os índios abundam cruelmente, tanto quanto os insignificantes mosquitos, mas que ainda assim picam. Desde que você esteve aqui, construí alguns barracos (ligados à antiga casa) e igualmente alguns barracos em forma de capítulos e ensaios. Tenho arado, semeado, erguido, pintado, imprimido e rezado — e agora começo a vislumbrar um período menos atarefado e a desfrutar da calma paisagem de uma formosa varanda aqui ao norte da velha casa de fazenda.

Entretanto, ainda não estou inteiramente livre de algo urgente. Somente metade da "Baleia" passou pela impressão; pois, cansado com o longo atraso dos impressores e desgostoso com o calor e a poeira do forno de olaria babilônico de Nova Iorque, voltei para o campo para sentir a relva – e terminar o livro reclinado sobre ela, se puder. Estou certo de que você me perdoará por este falatório todo sobre mim mesmo, pois se eu *falo* tanto sobre esse assunto, esteja certo de que o resto do mundo está pensando sobre si mesmo dez vezes mais. Vamos falar, mesmo se mostramos todas as nossas faltas e fraquezas –, pois é um sinal de força ser fraco, ter consciência disso e mostrá-lo –, não de modo deliberado e ostentatório, mas casualmente e sem premeditação. Eis que caio em minha velha fraqueza – pregar. Estou ocupado, mas não estarei durante muito tempo. Venha e passe um dia aqui se você puder e quiser; se não, fique em Lenox e que Deus lhe dê longa vida. Logo que ficar livre de minhas ocupações atuais tratarei eu mesmo de dar um passeio e fazer uma visita a você. Deixe pronto uma garrafa de brandy porque sempre tenho vontade de beber essa heróica bebida quando conversamos sobre heróicas questões ontológicas. Esta é uma carta bastante louca sob alguns aspectos, eu receio. Se for assim, atribua isso aos efeitos tóxicos desse tardio fim de junho operando sobre um temperamento demasiado influenciável e por acaso nervoso.

Devo enviar-lhe uma barbatana da *Baleia* como degustação? A cauda não está cozida ainda – se bem que o fogo do inferno no qual o livro inteiro é assado possa, sem despropósito, tê-lo cozinhado todo antes disso. Este é o mote do livro (o secreto) —, Ego non baptiso te in nomine[7] — mas, complete o resto você mesmo.

H. M.

A NATHANIEL HAWTHORNE

Pittsfield, 22 de julho de 1851

Meu caro Hawthorne:

Esta não é uma carta, nem mesmo um bilhete — mas apenas uma palavra lançada a você, de passagem, por sobre o portão de seu jardim. Agradeço-lhe pela sua longa carta de curso fácil e fluido (recebida ontem), que fluiu através de mim e refrescou minha pradaria toda, tal como o Housetonic[8] — que está à minha frente — faz na realidade. Estou agora ocupado com várias coisas — não incessantemente, contudo; mas o suficiente para exigir meus constantes remendos; estamos no ápice da estação do feno e meu pangaré está, a todo momento, arrastando para casa seu jantar de inverno. E assim, de uma maneira ou de outra, não sou ainda um homem desocupado; mas, deverei sê-lo muito em breve. Enquanto isso,

---

[7] "*Ego non baptiso te in nomine patris, sed in nomine diaboli*", é o que diz o capitão Acab em *Moby Dick* ao batizar, com o sangue dos arpoadores pagãos, o arpão com o qual pretende matar a Baleia.

[8] Rio Housetonic que corta a região.

na primeira oportunidade que tiver, devo descer até sua casa, meu bom companheiro de existência, visto que nós – quero dizer, você e eu, – devemos ter um pouco de vagabundagem antes de o outono chegar. Graylock – é para lá que devemos ir e vagabundear. Mas antes de começarmos, devemos cavar um buraco bem fundo e enterrar todos os Demônios Sombrios, para aí permanecerem até o Final dos Tempos.

Adeus, sua marca X[9]

A NATHANIEL HAWTHORNE

Pittsfield, segunda-feira à tarde, 17 de novembro de 1851

Meu Caro Hawthorne

As pessoas pensam que, se um homem suportou algum sofrimento, ele deveria receber uma recompensa; mas, de minha parte, se realizei o mais duro trabalho diário possível e depois vou me sentar num canto e tomar minha refeição confortavelmente – ora, então não acho que mereça qualquer recompensa pelo meu duro trabalho do dia – pois, não estou em paz agora? Não é bom o meu jantar? Minha paz e meu jantar são minhas recompensas, meu caro Hawthorne. Assim, sua carta provedora de alegria e geradora de exultação não é minha recompensa pelo trabalho de poceiro que tive com esse livro, mas é

---

[9] Era assim que assinava Queequeg, personagem de *Moby Dick*.

o bônus da boa deusa além do que era estipulado — pois, em cinco ciclos, nenhum homem, se for inteligente, esperará um reconhecimento apreciativo de seus companheiros, ou mesmo de um só dentre eles. Apreciação! Reconhecimento! É Júpiter apreciado? Ora, desde Adão, quem alguma vez apreendeu o significado dessa grande alegoria — o mundo? Então nós, pigmeus, devemos estar satisfeitos por termos nossas alegorias de papel somente mal compreendidas. Digo que sua apreciação é minha sublime gratificação. À minha maneira, orgulhosa e humilde — um rei pastor —, eu era o senhor de um pequeno vale na solitária Criméia; mas, agora, você me deu a coroa da Índia. No entanto, ao tentar colocá-la sobre minha cabeça, constatei que ela caía sobre minhas orelhas, apesar de seu tamanho asinino — pois são somente tais orelhas que sustentam tais coroas.

Sua carta me foi entregue na noite passada na estrada que leva para a casa do sr. Morewood, e eu a li lá mesmo. Se estivesse em casa, teria sentado imediatamente e respondido. Em mim, as divinas magnanimidades são espontâneas e instantâneas — agarre-as enquanto puder. O mundo gira, e sua outra face aparece. Desse modo, não posso escrever agora o que senti. Mas, senti-me panteísta então — seu coração bate em minhas costelas e o meu nas suas, e ambos nas de Deus. Um sentimento de indizível segurança me habita nesse momento em razão de você ter compreendido o livro. Escrevi um livro perverso, e sinto-me imaculado como o cordeiro. Inefáveis sociabilidades estão em mim. Gostaria de me sentar e de jantar com você e com todos os deuses do antigo Panteão Romano. É um sentimento estranho — nele não existem nem esperança nem desesperança. Contentamento — é isso; e irresponsabilidade; mas sem inclinação licenciosa. Falo agora de meu mais profundo sentido de ser, não de um sentimento incidental.

De onde vem você, Hawthorne? Com que direito você bebe de meu frasco de vida? E quando o levo aos meus lábios — veja! são os seus e não os meus. Sinto que a Divindade se partiu como o pão na Ceia, e que nós somos seus pedaços. Daí essa infinita fraternidade de sentimento. Ora, simpatizando-se com o escrito, meu anjo vira outra página. Você apreciou pouco o livro. Mas, de vez em quando, enquanto lia, você compreendia o pensamento dominante que o impelia — e que você louvou. Não foi assim? Você foi arcangélico o bastante para desprezar o corpo imperfeito e abraçar a alma. Uma vez, você abraçou o feio Sócrates porque viu a chama em sua boca e ouviu o ímpeto do demônio — o familiar —, e reconheceu o som; pois você o ouviu em suas próprias solidões.

Meu caro Hawthorne, os ceticismos atmosféricos se insinuam em mim agora e me fazem duvidar de minha sanidade ao escrever a você desse modo. Mas, creia-me, não estou louco, excelentíssimo Festo![10]

---

[10] "Defendendo-se deste modo, disse Festo em voz alta: 'Estás

Mas a verdade é sempre incoerente, e quando grandes corações batem juntos, o abalo é um pouco atordoante. Adeus. Não escreva uma palavra sobre o livro. Isso seria roubar de mim meu miserável deleite. Lamento de todo coração nunca ter escrito nada sobre você[11] — isso é sórdido. Senhor, quando deveremos acabar de crescer? Enquanto ainda nos restar algo por fazer, então nada fizemos. Assim, agora, deixem-nos acrescentar Moby Dick às nossas bênçãos, e andar a partir daí. Leviatã não é o maior dos peixes —, tenho ouvido falar de Krakens.

Esta é uma longa carta, mas você não é, de modo algum, obrigado a respondê-la. Possivelmente, se você respondê-la e dirigi-la a Herman Melville, ela se extraviará — pois os dedos que agora guiam esta caneta não são exatamente os mesmos que acabaram de pegá-la e colocá-la sobre esse papel. Senhor, quando acabaremos de mudar? Ah! É uma longa etapa, e nenhuma estalagem à vista, e a noite chegando, e o corpo frio. Mas com você como companheiro de viagem, estou contente e posso ser feliz. Sinto que deverei deixar esse mundo com mais satisfação por ter chegado a conhecer você. Conhecer você me persuade mais do que a Bíblia de nossa imortalidade.

---

louco, Paulo! As muitas letras fizeram-te perder o juízo'. Paulo respondeu: 'Não estou louco excelentíssimo Festo. O que digo, são palavras de verdade e sensatez." (Atos dos Apóstolos, XXVI, 24–26).

[11] Não é verdade; como se sabe, *Hawthorne e seus musgos* havia sido publicado pouco antes, em agosto do ano precedente.

Que pena que, em troca de sua simples e franca carta, você tenha recebido tal algaravia! Lembranças à sra. Hawtorne e às crianças, e também adeus a você, com minha bênção.

Herman

P.S. Não posso parar ainda. Se o mundo fosse inteiramente composto de Mágicos, vou lhe contar o que eu faria. Instalaria uma fábrica de papel numa das extremidades da casa e, desse modo, teria uma infindável fita de papel desenrolando-se sobre minha escrivaninha; e, sobre essa fita sem fim, escreveria mil — um milhão — um bilhão de pensamentos, todos sob a forma de uma carta endereçada a você. O ímã divino está sobre você e meu ímã responde a ele. Qual é o maior? Questão estúpida — eles são *Um*.

P.S. Não pense que ao escrever uma carta para mim você deverá ser sempre atormentado com uma imediata resposta a ela — e assim nos mantendo ambos debruçados sobre uma escrivaninha eternamente. Nada disso! Não deverei responder sempre às suas cartas e você pode fazer o mesmo como lhe agradar.

A SOPHIA HAWTHORNE

New York, 8 de janeiro de 1852

Cara sra. Hawthorne

Tenho procurado pela mais bela Bath que possa encontrar, de borda dourada e estampada, sobre a qual inscrever meu humilde aviso de recepção de sua carta altamente lisonjeira de 29 de dezembro: fiquei de fato perplexo por você ter encontrado alguma satisfação naquele livro. É verdade que alguns *homens* disseram ter ficado contentes com ele, mas você é a única *mulher* — pois, de maneira geral, as mulheres têm pouco gosto pelo mar. Entretanto, uma vez que você, com sua natureza espiritualizada, vê mais que os outros e, pelo mesmo processo, refina tudo o que vê, ainda assim, não são as mesmas coisas que outras pessoas veem, mas coisas que, embora pense humildemente descobri-las, você, na verdade, as cria de você mesma. Portanto, no final das contas, não estou tão surpreso por seus comentários a respeito de *Moby Dick*. De qualquer forma, sua alusão, por exemplo, ao "Jorro Fantasma" me mostrou, pela primeira vez, que havia um sutil significado nisso — mas, nesse caso, eu não quis *significar* isso. Tinha alguma vaga idéia enquanto o escrevia de que o livro inteiro era suscetível de uma construção alegórica, e também de que *partes* dele o eram — mas, a característica de muitas das alegorias específicas subordinadas me foi revelada, pela primeira vez, após ler a carta do sr. Hawthorne a qual, sem citar quaisquer exemplos determinados, anunciava, contudo, o caráter integralmente alegórico do todo. Mas, minha cara Senhora, não deverei lhe enviar novamente um balde de água salgada. O próximo cálice que lhe confiarei será um jarro campestre de leite.[12]

E agora, como vão vocês em West Newton?[13] Estão todos os afazeres domésticos em ordem? Senhorita Una está contente? e Senhor Julian, satisfeito com a paisagem em geral? E sr. Hawthorne continua suas séries de visitas a todos os seus vizinhos num raio de dez milhas? Devo enviar-lhe dez pacotes de cartões de visita? E uma caixa de luvas de pelica? E lenços parisienses da última moda? No fim de contas, ele frequenta a sociedade em demasia — sete noites fora, em uma semana, deveriam satisfazer qualquer homem razoável.

Ora, Madame, tivesse você nada dito sobre *Moby Dick*, e tivesse sr. Hawthorne igualmente se silenciado, então teria lhes falado, talvez, algo sobre outro (maravilhoso) *Livro de Maravilhas*.[14] Mas tal como são as coisas, devo ficar em silêncio. Como é que,

---

[12] Alusão a *Pierre*, o livro seguinte de Melville depois de *Moby Dick*.

[13] Hawthorne e sua família haviam então se mudado de Berkshire para a casa de amigos em West Newton, Pennsylvania.

[14] "Wonder(full) Book". Melville joga aqui com as palavras ao referir-se ao livro de Hawthorne *Wonder Book* (*Livro das maravilhas*) que acabara de ser publicado, qualificando-o, ao mesmo tempo, como *wonderfull* (maravilhoso).

enquanto todos nós, seres humanos, ficamos tão inteiramente desembaraçados ao censurar uma pessoa; uma vez que desejamos louvar, começamos a nos sentir desajeitados? Jamais fico vermelho após censurar um homem; mas me torno escarlate após elogiá-lo. E, entretanto, tudo isso está errado, e, entretanto, não podemos evitá-lo; e assim vemos o quão verdadeira era aquela frase musical do poeta quando ele cantava: "Nós não podemos evitar nós mesmos".

Pois, embora saibamos o que devemos ser; e o que seria muito encantador e muito belo sermos; ainda assim não podemos sê-lo. Isso é o mais triste também. A vida é um longo Dardanelo, minha cara Madame, cujas margens são brilhantes e com flores que queremos colher, mas as ribanceiras são demasiado altas; e assim nós flutuamos e flutuamos, esperando chegar enfim a um lugar onde desembarcar — e zás! ei-nos lançados ao grande mar! Entretanto, mesmo assim os geógrafos dizem que não devemos nos desesperar, porque além do mar imenso, tão desolado e vazio quanto ele possa parecer, se estende toda a Pérsia e as deliciosas terras em torno de Damasco.

Assim, desejo a você uma agradável viagem, enfim, a esse suave e distante país.

Creia-me sinceramente seu

Herman Melville

P.S. Esqueci de dizer que sua carta me foi enviada para Pittsfield — o que a atrasou. Minha irmã Augusta me pede para enviar suas mais sinceras lembranças a você e ao sr. Hawthorne.

A JULIAN HAWTHORNE

Pittsfield, segunda-feira, 8 de fevereiro de 1852

Meu Caro Senhor Jul

Fiquei igualmente surpreso e encantado ao ver sua carta em caracteres de impressão. (De início, pensei que se tratava de uma circular; seu pai lhe dirá o que é *isso*). Fico muito feliz por ter um lugar no coração de um tão bom pequeno camarada como você.

Você me conta que a neve em Newton é muito profunda. Bom, ela é ainda mais profunda aqui, creio eu. Outro dia fui para o bosque e me afundei tão profundamente entre grandes cicutas e bordos que pensei que ficaria firmemente atolado até a chegada da primavera —, uma Imagem de Neve.[15]

Mande lembranças a seu bom pai, Senhor Julian, e Adeus, e que o Céu sempre abençoe você, e que você seja um bom garoto e se torne um grande e bom homem.

Herman Melville

[*Marca de fábrica do papel gravado em relevo:* BATH *sobreposto por uma coroa e sobrepondo duas guirlandas*]

[15] Título de um conto de Hawthorne.

A propósito, eis uma coroa. Significativo, isso. Permita-me, eu lhe peço, colocá-la sobre sua cabeça como prova vitoriosa de seu triunfante *Vale da Alegria*. Embora não seja estritamente apropriada, eu a embelezei com um penacho.[16]

A NATHANIEL HAWTHORNE

Pittsfield, 17 de julho de 1852

Meu caro Hawthorne:

Esse nome "*Hawthorne*" parece ser ubíquo. Ultimamente tenho dado uns passeios e ele me saudou vocalmente e tipograficamente em toda espécie de lugares e de toda espécie de maneiras. Estava na solitária e robsoniana Ilha de Naushon (uma daquelas do grupo de Elisabeth) e lá, numa imponente varanda, eu o vi gravado em dourado na parte de trás de um livro bem novo nas mãos de um pastor.[17] Fui visitar um senhor em Brooklyne e, enquanto estávamos nos sentando para beber vinho, chega da cidade a dona da casa trazendo em sua mão um radiante livro — "Meu querido", disse ela ao marido, "trouxe para você o novo livro de *Hawthorne*!" Embarco no vagão do trem que vai de Boston para cá. Entra um garoto cheio de vida: "Novo livro de *Hawthorne*!" — Chego

---

[16] Referência ao novo livro de Hawthorne *The Blithedale Romance*.

[17] Trata-se do pastor Ephraim Peabody, parente de Sophia Hawthorne.

em casa na hora certa. Minha esposa me diz "aqui está o novo livro do sr. Hawthorne; veio pelo correio". E nesta manhã, veja só! sobre minha mesa um pequeno bilhete assinado *Hawthorne* de novo. Bom, Hawthorne[18] é uma flor encantadora; que ela possa florescer em todo canto.

Lamento muito, mas não posso, nesse momento, ir vê-lo em Concord, como você propôs. Acabo de voltar de duas semanas de ausência; e, nos últimos três meses e mais, tenho sido um completo vadio e um selvagem — fora de casa o tempo todo. Portanto, chegou a hora de me sentar novamente.

Envie-me, por favor, uma amostra de sua duna de areia, um raio de sol do semblante de sra. Hawthorne e uma vinha da pérgola encaracolada do Senhor Julian.

Como acabo de chegar em casa, não avancei muito em seu livro, mas o bastante para ver que você, de forma muito admirável, empregou materiais mais ricos do que eu os tinha imaginado. Especialmente neste dia, o livro é bem vindo como um antídoto contra o lunatismo de alguns sonhadores — que são apenas sonhadores. Mas quem diabos não é um sonhador?

H. Melville

P.S. Minhas lembranças a senhorita Una e ao Senhor

---

[18] "Hawthorn" é o nome de uma planta medicinal conhecida como *crataegos* que dá flores de cores variadas.

Julian — e os "cumprimentos" e perfumes da estação ao "Botão de Rosa."[19]

A NATHANIEL HAWTHORNE

Pittsfield, 13 de agosto de 1852

[*canto esquerdo danificado*] ... Enquanto visitava Nantucket há cerca de quatro semanas atrás, conheci um senhor de New Bedford, um advogado, que me forneceu consideráveis informações sobre diversos assuntos nos quais estava interessado. Uma noite, estávamos a conversar, creio eu, sobre a grande paciência, persistência e resignação das mulheres da ilha ao se sujeitarem sem se queixarem às longas e longas ausências de seus maridos marinheiros, quando, por meio de um relato, esse advogado me deu uma amostra de sua experiência profissional. Embora sua memória estivesse um pouco confusa a respeito de alguns detalhes da história, ainda assim contou-me o suficiente para despertar em mim o mais vivo interesse; e pedi-lhe que me enviasse sem falta um relato mais completo tão logo chegasse em sua casa — ele me havia dito previamente que, na época do ocorrido, ele o tinha registrado em seus cadernos. Não tive mais notícias até que, uns dias depois de ter chegado aqui em Pittsfield, recebi através do correio o documento em anexo. Você vai perceber, através do bilhete desse

---

[19] Trata-se de *Rose*, a mais nova filha de Hawthorne que nascera havia uns poucos meses.

senhor dirigido a mim,[20] que ele assumiu que eu pretendia fazer um uso literário da história; mas eu não lhe havia sugerido nada do gênero, e meu interesse inicial e espontâneo surgiu de considerações muito diferentes. Confesso, contudo, que desde então tenho meditado um pouco sobre o assunto com o intuito de escrever uma história baseada nesses incidentes notáveis. Mas, pensando bem, ocorreu-me que esse assunto encontra-se muito numa veia que lhe é pessoalmente familiar. Para ser franco, creio que dessa questão você haveria de tirar melhor proveito do que eu. Além disso, o assunto parece gravitar naturalmente em sua direção (falar... [*metade de uma linha danificada*] deveria de direito pertencer a você. Eu poderia ... [*metade de uma linha danificada*] o Procurador para o entregar a você. —

O imenso interesse que senti por essa história enquanto ele a narrava para mim foi aumentado pela emoção do senhor que a contava e que evidenciava a mais sincera simpatia por ela, embora esta já fizesse parte de seu passado. Mas, esse meu grande interesse pode ter sido talvez, em grande medida, reforçado por uma ou outra circunstância acidental, de modo que, provavelmente, a história pode parecer não possuir tanto páthos e tanta profundidade para você. Entretanto, você verá como ela é [*trecho ilegível*]

---

[20] Esse bilhete está perdido hoje. Originalmente, ele acompanhava o relato do advogado como um item separado.

Ao estimar o caráter de Robinson, deveria ser permitido um livre exercício da caridade. Faço objeção àquela passagem do Diário que diz *"ele deve ter recebido uma porção de sua punição nessa vida"* — sugerindo, portanto, um futuro castigo suplementar. Não acho, de forma alguma, que o abandono de sua esposa tenha sido algo premeditado. Se fosse assim, ele teria, provavelmente, mudado de nome após tê-la deixado. Não: ele era um homem fraco e suas tentações (se bem que saibamos pouca coisa sobre elas) eram fortes. Todo o pecado se insinuou insensivelmente nele — de modo que seria talvez difícil para ele determinar o dia exato no qual poderia dizer para si mesmo, *"Agora* abandonei minha mulher"; exceto, é verdade, no dia em que se casou com a senhora de Alexandria. E aqui me recordo do seu *Marido Londrino*;[21] apesar de os casos diferirem bastante. Muitas coisas mais podem ser mencionadas; mas, me abstenho; você encontrará o caráter sugestivo por você mesmo; e, talvez, tudo ainda melhor sem a minha intromissão.

Se você estiver suficientemente interessado em se empenhar numa verdadeira história baseada nessa narrativa, então eu o considero ter o absoluto direito aos detalhes auxiliares que se seguem, colhidos por mim ao acaso durante meus passeios pelas ilhas e os quais — como você há de perceber — parecem pertencer legitimamente à história, em seu estado acabado,

---

[21] Alusão a *Wakefield*, novela de Hawthorne.

embelezado e plenamente desenvolvido; mas, de tudo isso, você deve ser, é claro, seu próprio juiz — eu apenas submeto o caso a você; eu não decido.

Se a história se iniciar com o naufrágio, então, deve haver uma tempestade; e cairia bem se algum leve vestígio da *calmaria* que a precede fosse colocado adiante para conduzir todo o resto. Imagine agora um alto penhasco suspenso sobre o mar e coroado com um pasto de ovelhas; um pouco mais longe — e mais ao alto — um farol onde reside o pai da futura sra. Robinson, a Primeira. A tarde é suave e quente. O mar com um ar de decisão solene, com uma elaborada decisão, desliza cerimoniosamente sobre a praia. A atmosfera é carregada de maneira sufocada com o som das longas linhas de arrebentação. Não há terra alguma defronte desse despenhadeiro exceto a Europa e as Índias Ocidentais. A jovem Agatha (mas você deve lhe dar algum outro nome) aparece perambulando ao longo do penhasco. Ela nota como as sucessivas investidas do mar o corroeram; de modo que as cercas desabam de ponta a ponta e precisam ser transferidas mais para dentro. O mar invadiu também aquela parte onde sua moradia se ergue próxima ao farol. Plena de meditações, ela se reclina para frente na beira do despenhadeiro e olha fixamente em direção do mar. Ela nota um punhado de nuvens no horizonte, pressagiando uma tempestade através de toda essa quietude. (De uma família de marinheiros e tendo sempre morado à beira-mar, ela é entendida sobre esses assuntos.) Isso dá novamente o que pensar. Subitamente ela percebe a sombra alongada do penhasco sobre a praia a cem pés abaixo dela, e então observa uma sombra movendo-se ao longo da sombra. Ela é projetada por uma ovelha do pasto. Esta havia avançado bem para a beirada do despenhadeiro, e lança um meigo e inocente olhar distante sobre as águas. Aqui, num estranho e belo contraste, temos a inocência da terra contemplando placidamente a malignidade do mar. (Tudo isso tendo uma poética referência a Agatha e seu amante do mar, que está chegando junto com a tempestade: a tempestade lhe traz seu amante, ela percebe um vago e distante relance de seu navio antes de deixar o despenhadeiro.)

P.S. Seria bom se, de seu conhecimento das profundas misérias produzidas às esposas dos homens do mar, Agatha tivesse tomado, em sua juventude, a decisão de jamais se casar com um marinheiro; resolução, todavia, que será posteriormente subjugada pela onipotência do Amor.

P.S.2. Agatha deveria ter um papel ativo durante o naufrágio e, de alguma maneira, ser a salvadora do jovem Robinson. Este deveria ser o único sobrevivente. Ele deveria ser cuidado por Agatha em sua casa durante a enfermidade subsequente aos ferimentos causados pelo naufrágio. Ora, esse navio naufragado foi arrastado sobre os bancos de areia e levado até a praia, onde foi feito em pedaços, exceto a proa. Esta, com o passar do tempo, fica incrustada na areia — após o intervalo de alguns anos, mostrando nada mais que a resistente proa (ou, o esqueleto da proa) emergindo a mais ou menos dois pés na maré baixa. Todo o resto foi invadido e coberto com areia. Desse modo, após a desaparição de seu marido, a triste Agatha vê todos os dias esse melancólico monumento, com todas as suas lembranças.

***

Após um suficiente lapso de tempo — quando Agatha torna-se alarmada com a prolongada ausência de seu jovem marido e está aguardando sem descanso uma carta dele — então, devemos introduzir o posto de correio — não, essa frase não convém, mas eis de que *coisa* se trata. Devido ao distanciamento do farol de qualquer lugar habitado, nenhum correio regular o alcança. Mas, a mais ou menos uma milha de distância, há uma estrada que liga duas cidades providas de correio. E, no cruzamento do que poderíamos chamar de estrada do Farol com a estrada do Correio, lá se encontra um poste sobre o qual se fixa uma pequena e tosca caixa de madeira com uma tampa e um gonzo de couro. Dentro dessa caixa, o carteiro coloca todas as cartas destinadas às pessoas do farol e aos pescadores da vizinhança. É para esse *poste* que eles devem vir para buscar suas cartas. E, é para ele, é claro, que a jovem Agatha se dirige — por dezessete anos, diariamente. Assim como suas esperanças gradualmente se enfraquecem, do mesmo modo o próprio poste e a pequena caixa se deterioram. No fim, o poste apodrece no chão. Devido a ser pouco usado — ou quase nunca ser usado — a grama cresce abundantemente em torno dele. Finalmente um pequeno pássaro faz seu ninho nele. Enfim, o poste cai.

O pai de Agatha deve ser um velho viúvo — um homem do mar, mas que logo o abandona por causa de repetidos desastres. Por essa razão ele leva uma vida subjugada, tranquila e sábia. E agora ele toma conta de um farol para advertir as pessoas daqueles grandes perigos pelos quais ele mesmo passou.

Outros poucos detalhes me ocorrem — mas nada essencial — e temo cansar você, ou senão, fazê-lo sorrir de minha estranha e impertinente intromissão. E assim seria se, a meu ver, nenhuma dessas coisas parecesse pertencer legitimamente à história; pois elas me foram sugeridas de maneira visível por cenas que contemplei realmente sobre a mesma costa onde a história de Agatha transcorreu. Portanto, meu caro Hawthorne, não imagino de modo algum que você pensará que sou tão tolo para bajular a mim mesmo dando a você algo que pertença a mim propriamente. Não estou senão restituindo a você sua propriedade — a qual você rapidamente teria identificado por si mesmo — se você estivesse naquele mesmo lugar tal como aconteceu comigo.

Deixe-me concluir dizendo que, com seu grande poder sobre tais coisas, me parece que você pode construir uma história de extraordinário interesse a partir desse material fornecido pelo advogado de New Bedford. Você tem um esqueleto da verdadeira realidade para construir sobre ele com plenitude, talento e beleza. E, se eu achasse que poderia fazê-lo tão bem quanto você, ora, então não o deixaria para você. A narrativa do Diário é cheia de significações. Considere a menção dos *xales* — e a inferência tirada deles. Pondere a conduta desse Robinson do começo ao fim. Observe sua agitação e suspeita quando alguém chama por ele. Mas, por que tagarelar assim — você notará tudo isso e mais profundamente do que eu, possivelmente.

Escrevi tudo isso numa grande pressa; assim, você deve decifrá-lo da melhor maneira que puder.

P.S. O caso foi resolvido depois de umas poucas semanas, de maneira a mais amigável e digna, através da divisão da propriedade. Creio que a sra. Robinson e sua família se recusaram a reclamar ou receber qualquer coisa que pertencesse realmente a sra. Irvin ou que Robinson tivesse obtido através dela.

ANEXO: A HISTÓRIA DE AGATHA RELATADA PELO ADVOGADO

Sábado, 28 de maio de 1842

Acabo de retornar de uma visita a Falmouth com o sr. Janney de Missouri em virtude de um dos casos mais interessantes e românticos no qual jamais esperaria um dia estar envolvido. O senhor de Missouri, sr. Janney, veio à minha casa na noite do último sábado e relatou a mim e a meu sócio que ele havia se casado com a filha de uma tal sra. Irvin, antigamente de Pittsburgh, Pensylvania, e que essa sra. Irvin havia se casado, pela segunda vez, com um homem chamado Robertson. Este último havia morrido há cerca de dois anos. Ele, sr. Janney, foi nomeado administrador de seu espólio que somava 20 mil dólares — aproximadamente 15 meses mais tarde, morre também a sra. Robertson e, entrementes, o administrador ficou encarregado de procurar os herdeiros do espólio. Ele descobriu que Robertson era um inglês cujo nome original era Shinn — que ele havia morado em Alexandria D. C. onde tinha dois sobrinhos. Ele também escreveu para Inglaterra e havia apurado a história e a genealogia da família com muita precisão, quando, um dia, indo para a Agência de Correio, encontrou uma carta dirigida a James Robertson, o falecido, trazendo o selo postal de Falmouth, Massachussets — ao abri-la, constatou que era de uma pessoa que assinava Rebecca A. Gifford, dirigindo-se a ele como "Pai". A existência dessa moça era do conhecimento da sra. Robertson, e seu marido a havia declarado como ilegítima. O administrador manda então uma carta à sra. Gifford informando-a sobre o falecimento de seu pai. Ele ficou surpreso, logo depois, pelo aparecimento em St. Louis de um quaker sagaz de Falmouth chamado

Dillingham, munido de muitos poderes e fortalecido com cartas e certificados provando a existência de uma esposa em Falmouth, com a qual Robertson havia se casado em 1807 em Pembroke, Massachussets, e a legitimidade da filha que havia se casado com um tal sr. Gifford e que apresentava fortes reivindicações pela totalidade da herança.

O administrador e os herdeiros, tendo fortes dúvidas levantadas pelas declarações de Robertson durante sua vida e pelas expressões peculiares contidas nas cartas exibidas, assim como pela validade do casamento e pela reivindicação baseada sobre ela, resolveram resistir e os procedimentos legais se iniciaram imediatamente. O objetivo da visita do sr. Janney foi o de assistir a tomada de depoimentos, sob notificação dos reclamantes — o secretário do ministro da cidade e as testemunhas presentes à cerimônia constataram o fato de um casamento legal e o nascimento de uma criança legítima, além de toda contestação ou controvérsia, todas as testemunhas eram da mais alta respeitabilidade e a viúva e a filha muito me interessaram.

Parece que Robertson naufragou sobre a costa de Pembroke, onde essa jovem, então senhorita Agatha Hatch, vivia — que ele foi cuidado e recebido com hospitalidade, e que, após um ano, ele a desposou nas devidas formas da lei — que ele fez duas curtas viagens ao mar. Cerca de dois anos após o casamento, deixando sua esposa *grávida*, ele partiu em busca de emprego e, dessa época até *dezessete* anos após, ela nunca mais ouviu dele, de maneira alguma, direta ou indiretamente, nem uma só palavra. Sendo pobre, ela trabalhou como enfermeira para ganhar o seu pão de cada dia e ainda conseguiu, com seus parcos ganhos, dar a sua filha uma educação de primeira classe. Tendo se tornado ligada a Sociedade de Amigos, ela a enviou ao seu mais célebre internato e, quando a vi, constatei que ela havia tirado proveito de todas as suas oportunidades mais do que a maioria das mulheres. Enquanto isso, Robertson foi para Alexandria D. C. onde entrou num bem sucedido e lucrativo negócio e se casou com sua segunda esposa. Ao término desse longo período de dezessete anos que, para a pobre e abandonada esposa, havia decorrido tristemente; enquanto ela estava ocupada fora de sua casa, seu pai foi ao seu encontro de charrete para lhe informar que seu marido havia voltado e desejava vê-la assim como sua filha – mas, se ela não quisesse vê-lo, que ele, em todo caso, visse a criança. Eles todos voltaram juntos e o acharam a caminho, vindo a encontrá-los a aproximadamente meia milha da casa do pai dela. Esse encontro foi-me descrito pela mãe e pela filha – cada incidente parecia gravado na memória de ambas. Ele se desculpou o melhor que pôde por seu silêncio e pela sua longa ausência, mostrou-se muito afetuoso, recusou-se a dizer onde vivia, persuadiu-as a não fazerem qualquer investigação, deu-lhes uma bela soma em dinheiro, prometeu voltar para sempre e partiu no dia seguinte. Ele reapareceu depois de aproximadamente um ano, justamente na véspera do enlace de sua filha e lhe deu um presente de casamento. Não muito depois disso, sua esposa em Alexandria morre. Ele então escreveu a seu genro para vir ao seu encontro — é o que este fez — permaneceu dois dias e trouxe de volta um relógio de ouro e três belos xales que tinham sido previamente usados por alguma pessoa. Eles todos reconheceram então que tinham suspeitas, por causa dessa circunstância, de que ele havia se casado uma segunda vez.

Logo depois disso, ele visitou Falmouth novamente e, como ficou provado, pela última vez. Ele anunciou sua intenção de se mudar para o Missouri e insistiu para que toda a família fosse com ele, prometendo dinheiro, terras e outras assistências a seu genro. Sua oferta não foi aceita. Chorou ao lhes dizer adeus. Desde seu retorno ao Missouri até sua morte, uma correspondência constante será mantida, enviou-lhes dinheiro anualmente e anunciou seu casamento com sra. Irvin. Ele não teve filhos de suas duas últimas esposas.

O sr. Janney ficou completamente desapontado com o caráter das testemunhas e com o caráter dos reclamantes. Ele os considerava, logo que chegou, como cúmplices de uma fraude praticada contra a sra. Irvin e seus filhos. Mas, eu estava convencido, e creio que ele também, de que seus motivos em manter silêncio eram elevados e puros, dignos, de todo modo, da verdadeira sra. Robertson. Ela expôs suas razões com uma simplicidade e com um páthos que conduziram essa convicção irresistivelmente ao meu espírito. O único bem (?) que poderia ter ocorrido ao desmascará-lo teria sido o de provocar a fuga de Robertson e o de desgraçá-lo para sempre e isso certamente teria feito sra. Irvin e seus filhos infelizes pelo resto de suas vidas. "Não desejava" – disse a esposa – "fazer nenhum deles infelizes apesar de tudo o que sofri por sua causa". Este foi para mim o exemplo mais impressionante de uma submissão à injúria e à angústia, ininterrupta e sem queixas, da parte de uma esposa, o que fez dela, aos meus olhos, uma heroína.

Janney me informou que R. e sua última esposa não viviam muito felizes juntos e, principalmente, que ele parecia ser um homem muito ciumento e desconfiado – que, quando uma pessoa o visitava em sua casa, ele jamais adentrava a sala até saber de quem se tratava e "tudo sobre ele". Ele deve ter recebido uma porção de sua punição nessa vida. Revelou-se o fato de que, no curso da investigação, eles tinham concordado em dar para Dillingham a metade do que ele poderia obter deduzindo-se a despesas de sua parte. Após a força das provas terem se tornado reconhecidas, sr. Janney começou a fazer sérios esforços para efetuar um acordo sobre a reivindicação. Qual será o resultado, o tempo dirá. Este é, suponho, o fim de minhas ligações com o caso.

A NATHANIEL HAWTHORNE

Pittsfield, manhã de segunda-feira, 25 de outubro de 1852

Meu Caro Hawthorne,

Se você acha que vale a pena escrever a história de Agatha e que deveria empenhar-se nela; então tenho uma pequena ideia a respeito, a qual, embora insignificante, pode não estar inteiramente fora de lugar. Talvez, aliás, a idéia tenha já lhe ocorrido. A aparente facilidade com que Robinson, no início, abandona sua esposa e então toma uma outra, pode, provavelmente, ser atribuída a noções singulares de liberdade de ação que a maioria dos marinheiros tem de todas as delicadas obrigações desse gênero. Em sua prévia vida de marinheiro, Robinson havia encontrado uma esposa (por uma noite) em cada porto. O senso de obrigação do voto conjugal a Agatha tinha pouco peso para ele no início. Foi somente quando passou alguns anos de vida em terra firme que seu senso moral sobre esse ponto se desenvolveu. E daí, sua conduta subsequente – remorso, etc. Revolva isso em sua mente e veja se é correta. Senão, conclua o caso você mesmo.

Se você se deparar com um pequeno livro chamado *Taughconic*, dê uma olhada e divirta-se com ele. Dentre outros, você aparece nele e eu também. Mas é você o mais reverenciado, sendo o mais maltratado e ocupando o maior espaço. Trata-se de um *Guia* de Berkshire.

Não sei quando deverei vê-lo. Entretanto, devo deitar meus olhos sobre você num dia desses. Guarde um pouco de champanhe ou gim para mim.

Meus respeitos e minhas melhores lembranças à sra. Hawthorne e às crianças.

H. Melville

P.S. Se você encontrar alguma *areia* nessa carta, encare-a como tantas areias de minha vida, que escorreram enquanto escrevia.

A NATHANIEL HAWTHORNE

Boston, dezembro de 1852

Meu caro Hawthorne,

Outro dia, em Concord, você exprimiu incerteza quanto a empreender a história de Agatha e, no fim, você insistiu para que *eu* a escrevesse. Decidi fazer isso e devo começá-la imediatamente logo que chegar em casa; e, na medida de minha capacidade, deverei me esforçar para fazer justiça a uma história real tão interessante. Você não quer, portanto, reunir todas as peças do caso para mim; e se algo, ao acaso, lhe ocorrer em seus pensamentos, não o anotaria para mim na mesma página do meu memorando? Gostaria de ter tomado essa decisão em Concord, pois assim poderíamos ter conversado mais plenamente e com mais atenção a respeito da história e, desse modo, trazendo novas luzes. Corrija isso, eu lhe peço, na medida que lhe for conveniente. Com sua permissão, farei uso da *"Ilha de Shoals"*, pelo menos quanto ao nome. Deverei também introduzir o velho marinheiro de Nantucket da maneira como lhe falei. Invoco sua bênção sobre meus esforços; e sopre uma brisa favorável sobre mim. Apreciei bastante minha visita a você e espero que tenha lhe proprocionado igualmente alguma satisfação.

H. Melville

A Julian, Una e Rose, minhas saudações.

APÊNDICE

CRONOLOGIAS

HERMAN MELVILLE

1819 Em primeiro de agosto nasce Herman Melville, terceiro dos oito filhos de Maria Gansevoort e de Allan Melvill, ambos pertencentes a famílias importantes. Do lado materno, de origem holandesa, seu avô, o general Peter Gansevoort de Albany, New York, foi um dos heróis da revolução Americana. Por parte de pai, seu avô, o major Thomas Melvill de Boston, também teve papel destacado durante a guerra da independência.

1825 Ingressa na *New York Male High School*, lá permanecendo durante quatro anos. Em 1828, recebe o título de melhor orador da escola.

1829 Ingressa na *Columbia Grammar School*, escola preparatória para o *Columbia College*.

1830 Em dificuldades financeiras, sua família é obrigada a deixar Nova York, mudando-se para Albany. Junto de seu irmão mais velho Gansevoort, entra na escola da cidade.

1832 Seu pai morre em 28 de janeiro, vítima de uma pneumonia contraída em viagem no ano anterior. Aos treze anos começa a trabalhar no *New York State Bank* do qual seu tio Peter era um dos administradores.

1834 Em virtude, provavelmente, de uma doença nos olhos, abandona o emprego no banco e vai passar alguns meses em Pittsfield na fazenda de seu tio Thomas.

1835 Retorna a Albany e se inscreve no liceu clássico da cidade. Faz sua primeiras leituras marcantes: Cooper, Scott, Byron. Ajuda no comércio de seu irmão Gansevoort.

1837 Em decorrência da falência dos negócios do irmão, muda-se com sua família para Lansingburgh. Leciona durante um tempo numa escola perto de Pittsfield. Em Lansingburgh, faz um curso de agrimensor.

1839 Vai para Nova York e embarca, como aprendiz, no navio *St. Lawrence* que partia para Liverpool. A viagem dura três meses. De volta à América, encontra a família em situação financeira deseperadora. Põe-se a procurar trabalho.

1840 Após uma tentativa frustrada de fazer fortuna em Illinois junto com seu tio Thomas e um amigo, retorna para Nova York. Aos vinte e um anos de idade, em New Bedford, embarca no baleeiro *Acushnet*.

1841 A bordo do *Acushnet*, passa pelo Rio de Janeiro, Cape Horn e Ilhas Galápagos.

1842 Com seu amigo Toby, deserta nas Ilhas Marquesas. Durante a fuga fere a perna e seu amigo segue em busca de ajuda. Melville passará cerca de três semanas junto aos canibais Typee. Consegue abandonar a ilha a bordo do baleeiro australiano *Lucy Ann* que se dirigia para o Tahiti. Após deixar o *Lucy Ann*, embarca no baleeiro de Nantucket *Charles & Henry* com destino ao Havaí.

1843 Inscreve-se como marinheiro na fragata de guerra *United States*.

1844 Após quatro anos de viagens, dos quais vinte e sete meses em alto mar, desembarca em Boston e retorna à vida civil. Corteja Elizabeth, filha de Lemuel Shaw, importante magistrado de Massachussetts e amigo de longa data da família de Melville (a ele será dedicado seu primeiro livro).

1845 Melville começa a escrever *Typee*, onde relata suas aventuras nos Mares do Sul, concluindo o manuscrito no verão. O livro é rejeitado por

Harper & Brothers. Seu irmão Gansevoort, nomeado secretário em Londres, consegue persuadir o editor londrino John Murray a publicar o livro.

1846 Em fevereiro, *Typee* é publicado simultaneamente em Londres e em Nova York por Wiley & Putnam. A crítica recebe o livro favoravelmente assim como o público. Seu irmão Gansevoort, que tanto havia feito para a publicação do livro, morre subitamente em 12 de maio aos trinta anos.

1847 Em abril é publicado *Omoo*, que se apresenta como continuação de *Typee*, alcançando um grande sucesso: em um ano renderá mais de 2.000 dólares a Melville. Conhece Evert Duyckinck, conselheiro editorial, editor da *The Literary World* – a mais importante revista literária da época –, profundo conhecedor da literatura européia e que se tornará um grande amigo. Melville publica uma série de contos humorísticos na revista satírica *Yankee Doodle*. Em agosto, casa-se com Elizabeth Shaw e partem para o Canadá em viagens de núpcias. O casal se instala em Nova York junto com a família de Melville.

1848 Concebido de início como uma continuação de seus livros anteriores, publica *Mardi* que acaba se tornando uma obra alegórica e filosófica complexa, sem alcançar o sucesso de *Typee* e *Omoo*. Ao contrário, a crítica o recebe de maneira hostil e o livro vende pouco.

1849 Para tentar remediar um pouco o fracasso de seu último livro, publica nesse ano *Redburn*, onde relata suas primeiras experiências no mar a bordo do *St. Lawrence*. Nascimento de seu primeiro filho, Malcolm, em 16 de fevereiro.

1850 Publica *White Jacket*, onde denuncia os abusos cometidos na marinha de guerra americana, tal como os havia vivenciado como marinheiro a bordo do *United States*. Começa a escrever um livro sobre caça à baleia. Em 6 de agosto, conhece Nathaniel Hawthorne num piquenique em Berkshire durante férias passadas em Pittsfield na fazenda de seu tio Thomas. *The Literary World* publica em 17 e 24 de agosto "Hawthorne and his Mosses". Em setembro, com a ajuda do juiz Shaw, seu sogro, compra a fazenda de seu tio que passa a ser chamada *Arrowhead*. Hawthorne, residente em Lenox, e Melville, em Pittsfield, se tornam vizinhos e amigos.

1851 Leva vida de escritor-fazendeiro. Em julho acaba de escrever *Moby Dick*. Seu grande livro é publicado em outubro em Londres com o título *The Whale*, e em novembro, na América. A acolhida pela crítica é fria e a venda tão inexpressiva quanto a de *Mardi*. Em 22 de outubro, nasce seu segundo filho, Stanwix.

1852 *Pierre* é publicado em agosto na América e em novembro em Londres, sendo sua recepção tão desastrosa quanto a de seu último livro.

1853 Em 22 de maio nasce sua primeira filha, Elizabeth (Bessie). Melville encontra-se profundamente abalado e esgotado em razão de seus esforços e de seus fracassos. Começa a escrever para a revista *Putnam's Monthly Magazine*, na qual aparecerá, entre outros, *Bartleby* e *Benito Cereno*, e também para a revista rival *Harper's New Monthly Magazine*.

1855 Em março é publicado *Israel Potter*, que havia aparecido anteriormente em nove partes na *Putnam's Magazine*. Trata-se de seu único romance histórico em que narra a vida de um herói incompreendido da guerra da independência Americana. No dia 2 desse mesmo mês nasce Frances, a segunda filha do casal Melville.

1856 Em abril é publicado *The Piazza Tales* onde se encontram reagrupados os textos que apareceram na *Putnam's Magazine*. No outono desse ano, o juiz Shaw, preocupado com o estado de saúde físico e mental de seu genro, envia-lhe dinheiro a fim de que se recuperasse com uma viagem à Europa. Em outubro, Melville embarca para Glasgow; passa por Liverpool onde se encontra com Hawthorne e segue para o Oriente.

1857 *The Confidence Man* é publicado em abril, em Nova York. Fiasco total. Melville volta de viagem.

1858/59 Parte em viagem pela América proferindo conferências sobre a estatuária em Roma e, depois, sobre os Mares do Sul. Começa a escrever poesia.

1861 Tenta, em vão, ser cônsul em Florença. Em abril, eclode a Guerra Civil que o marcará profundamente.

1863 Devido à sua precária condição financeira, faz um acordo com seu irmão Allan, cedendo *Arrowhead* em troca de uma casa em Nova York, a qual não mais abandonará.

1865 *Battle Pieces*, poemas sobre a Guerra Civil, é publicado.

1866 É nomeado inspetor de duana do porto de Nova York, cargo que ocupará por vinte anos, até 1886.

1867 Em 11 de setembro, seu filho mais velho Malcolm é encontrado morto na cama com um tiro de pistola; provável suicídio.

1876 Com a ajuda de seu tio Peter, publica um longo poema, *Clarel*, largamente inspirado em sua viagem à Palestina feita há vinte anos atrás. É provável que tenha começado a escrevê-lo em 1867.

1888 Faz sua última viagem marítima até as Bermudas. Em setembro, aparece em tiragem confidencial, destinada somente a seus amigos, a coletânea de poemas *John Marr and Other Sailors*.

1891 Em 19 de abril conclui *Billy Bud*, novela a qual dedicou os últimos cinco anos de sua vida. Ela só será publicada postumamente em 1924. Em 16 de junho, numa tiragem de 25 exemplares, publica sua última coletânea de poemas, *Timoleon and Other Ventures in Minor Verse*. Aos 72 anos de idade, Melville morre no dia 28 de setembro.

NATHANIEL HAWTHORNE

1804 Em 4 de julho nasce em Salem, Massachusetts, Nathaniel Hathorne Jr., o segundo dos três filhos de Nathaniel Hathorne e de Elizabeth Clarke Manning Hathorne.

1808 Capitão de um navio da marinha americana, seu pai morre de febre amarela no Suriname (Guiana Holandesa).

1809 Junto com a mãe e as irmãs, muda-se para a casa dos Manning, seus avós maternos.

1813 Devido a uma misteriosa doença no pé, fica incapacitado de andar normalmente durante dois anos, interrompendo seus estudos na escola. Tem aulas particulares com Joseph Worcester.

1818 Sua família muda-se para Raymond, Meine, perto do Lago Sebago, região ainda pouco habitada onde vive ao ar livre, caçando e pescando.

1819 Volta a Salem para viver com a família de sua mãe, que havia permanecido em Meine, ficando sob a guarda de seu tio, Robert Manning. Prepara-se para o *college* (faculdade).

1821 Ingressa no Bowdoin College situado em Brunswick, Meine. Terá como companheiros de escola H. W. Longfellow, que se tornará um grande poeta americano, e Franklin Pierce, futuro presidente dos Estados Unidos.

1825 Formatura no Bowdoin College. Volta para Salem para viver com a mãe e as irmãs. É provável que tenha concluído nesse ano *Seven Tales on my Native Land*.

1828 Publica por sua própria conta e anonimamente *Fanshawe*, no qual aborda a vida na faculdade. Esse livro será publicado novamente após sua morte. Nessa época decide acrescentar um *w* em seu sobrenome para marcar distância de seus ancestrais de tradição puritana, especialmente de seu bisavô, que havia tomado parte ativa nos famosos e infames julgamentos das bruxas de Salem (*Salem Witch Trials*).

1830 Seus contos *The Hollow of the Three Hills* e *An Old Woman's Tale* são publicados no *Salem Gazette* em 12 de novembro e 21 de dezembro respectivamente.

1834 The Story Teller, n.1 e 2 são publicados no New England Magazine.

1835 Seu conto *Young Goodman Brown*, que será posteriormente incluído na coletânea *Mosses from an Old Manse*, é também publicado no *New England Magazine*.

1836 Vai para Boston para ser o editor da *American Magazine of Useful and Entertaining Knowledge*. A revista vai à falência. Com a ajuda de sua irmã Elizabeth edita e publica *Peter Parley's Universal History, on the Basis of Geography* de Samuel Goodrich.

1837 A coletânea de contos *Twice-Told Tales* é publicada em março. Longfellow, antigo companheiro de faculdade, escreve uma resenha bastante favorável do livro no *North American Review*. Torna-se colaborador do *Democratic Review*, onde aparecerá vários de seus contos. Em novembro conhece Sophia Peabody, irmã de Elizabeth — figura importante do chamado transcendentalismo americano, movimento que teve como expoentes Emerson e Thoreau.

1840 Publica o livro infantil *Grandfather's Chair*.

1841 Publica *Famous Old People* e *Liberty Tree*. Em abril, junta-se ao *Brook Farm Associationist*, espécie de comunidade utópica situada em West Roxbury. Abandona *Brook Farm* em outubro e vai para Boston.

1842 É publicada a segunda edição de *Twice-Told Tales*, acrescida de outras histórias. Em 9 de julho casa-se com Sophia Peabody e vão viver em Concord no *Old Manse* alugado de Emerson.

1844 Em 3 de março nasce sua filha Una.

1845 Edita *Journal of an African Cruiser* de Horatio Bridge. Em outubro, Hawthorne e família deixam *Old Manse* e mudam-se para Salem.

1846 É publicado em junho *Mosses form an Old Manse* em dois volumes pela Wiley and Putnam. O livro é bem recebido pela crítica mas não é bem vendido. Nasce Julian seu segundo filho em 22 de junho.

1948 Torna-se diretor do Lyceu de Salem no qual convida Emerson, Thoreau, Agassiz entre outros para proferirem conferências.

1849 Sua mãe morre em julho e em setembro começa escrever *The Scarlet Letter*.

1850 Em 16 de março é publicado *The Scarlet Letter* em edição de 2.500 cópias. Em abril é lançada a segunda edição. Os Hawthorne mudam-se, em maio, para Red Cottage em Lenox, Berkshire. Em agosto encontra-se com Herman Melville num piquenique literário.

1851 *The House of the Seven Gables* é publicado em abril e, em março, a terceira edição de

Twice-Told Tales. Em 20 de maio nasce Rose Hawthorne. Em novembro publica *A Wonder-Book for Boys and Girls* e, em dezembro, *The Snow-Image*. Muda-se com a família para a casa de Horace Mann em West Newton.

1852 Compra a casa de Bronson Alcott em Concord e a batiza *The Wayside*. Publica em julho *The Blithedale Romance*, livro baseado em sua experiência em Brook Farm. Em setembro, publica *The Life of Franklin Pierce*, biografia do então candidato que será eleito, em novembro, como o décimo quarto presidente dos Estados Unidos.

1853 Nomeado pelo presidente Pierce cônsul em Liverpool, Inglaterra, onde passará a viver com sua família. *Tanglewood Tales* é publicado em setembro.

1854 A segunda edição revisada de *Mosses from an Old Manse* é publicada pela Ticknor, Reed and Fields.

1856 Em novembro, recebe a visita de Melville que estava a caminho do Oriente.

1857 Novo encontro breve com Melville em maio. Deixa o consulado e parte em viagem pela Europa.

1858 Vive em Florença de maio a outubro e começa a trabalhar num romance com tema italiano.

1859 Retorna para a Inglaterra onde reescreve seu romance italiano.

1860 Em fevereiro, publica em Londres seu romance *Transformation*. Volta com sua família para *The Wayside* em Concord e publica em março, na América, o mesmo romance com outro título, *The Marble Faun*. Em julho, publica "Chiefly about War Matters", um ensaio sobre a Guerra Civil.

1863 Dedica a seu amigo Franklin Pierce *Our Old Home*, coletânea de ensaios sobre a Inglaterra publicada em setembro.

1864 Na noite do dia 18 para o dia 19 de maio, Nathaniel Hawthorne morre dormindo em Plymouth aos sessenta anos.

TÍTULOS PUBLICADOS

1. *Iracema*, Alencar
2. *Don Juan*, Molière
3. *Contos indianos*, Mallarmé
4. *Auto da barca do Inferno*, Gil Vicente
5. *Poemas completos de Alberto Caeiro*, Pessoa
6. *Triunfos*, Petrarca
7. *A cidade e as serras*, Eça
8. *O retrato de Dorian Gray*, Wilde
9. *A história trágica do Doutor Fausto*, Marlowe
10. *Os sofrimentos do jovem Werther*, Goethe
11. *Dos novos sistemas na arte*, Maliévitch
12. *Mensagem*, Pessoa
13. *Metamorfoses*, Ovídio
14. *Micromegas e outros contos*, Voltaire
15. *O sobrinho de Rameau*, Diderot
16. *Carta sobre a tolerância*, Locke
17. *Discursos ímpios*, Sade
18. *O príncipe*, Maquiavel
19. *Dao De Jing*, Laozi
20. *O fim do ciúme e outros contos*, Proust
21. *Pequenos poemas em prosa*, Baudelaire
22. *Fé e saber*, Hegel
23. *Joana d'Arc*, Michelet
24. *Livro dos mandamentos: 248 preceitos positivos*, Maimônides
25. *O indivíduo, a sociedade e o Estado, e outros ensaios*, Emma Goldman
26. *Eu acuso!*, Zola | *O processo do capitão Dreyfus*, Rui Barbosa
27. *Apologia de Galileu*, Campanella
28. *Sobre verdade e mentira*, Nietzsche
29. *O princípio anarquista e outros ensaios*, Kropotkin
30. *Os sovietes traídos pelos bolcheviques*, Rocker
31. *Poemas*, Byron
32. *Sonetos*, Shakespeare
33. *A vida é sonho*, Calderón
34. *Escritos revolucionários*, Malatesta
35. *Sagas*, Strindberg
36. *O mundo ou tratado da luz*, Descartes
37. *O Ateneu*, Raul Pompéia
38. *Fábula de Polifemo e Galatéia e outros poemas*, Góngora

39. *A vênus das peles*, Sacher-Masoch
40. *Escritos sobre arte*, Baudelaire
41. *Cântico dos cânticos*, [Salomão]
42. *Americanismo e fordismo*, Gramsci
43. *O princípio do Estado e outros ensaios*, Bakunin
44. *O gato preto e outros contos*, Poe
45. *História da província Santa Cruz*, Gandavo
46. *Balada dos enforcados e outros poemas*, Villon
47. *Sátiras, fábulas, aforismos e profecias*, Da Vinci
48. *O cego e outros contos*, D.H. Lawrence
49. *Rashômon e outros contos*, Akutagawa
50. *História da anarquia (vol. 1)*, Max Nettlau
51. *Imitação de Cristo*, Tomás de Kempis
52. *O casamento do Céu e do Inferno*, Blake
53. *Cartas a favor da escravidão*, Alencar
54. *Utopia Brasil*, Darcy Ribeiro
55. *Flossie, a Vênus de quinze anos*, [Swinburne]
56. *Teleny, ou o reverso da medalha*, [Wilde et al.]
57. *A filosofia na era trágica dos gregos*, Nietzsche
58. *No coração das trevas*, Conrad
59. *Viagem sentimental*, Sterne
60. *Arcana Cœlestia* e *Apocalipsis revelata*, Swedenborg
61. *Saga dos Volsungos*, Anônimo do séc. XIII
62. *Um anarquista e outros contos*, Conrad
63. *A monadologia e outros textos*, Leibniz
64. *Cultura estética e liberdade*, Schiller
65. *A pele do lobo e outras peças*, Artur Azevedo
66. *Poesia basca: das origens à Guerra Civil*
67. *Poesia catalã: das origens à Guerra Civil*
68. *Poesia espanhola: das origens à Guerra Civil*
69. *Poesia galega: das origens à Guerra Civil*
70. *O chamado de Cthulhu e outros contos*, H.P. Lovecraft
71. *O pequeno Zacarias, chamado Cinábrio*, E.T.A Hoffmann
72. *Tratados da terra e gente do Brasil*, Fernão Cardim
73. *Entre camponeses*, Malatesta
74. *O Rabi de Bacherach*, Heine
75. *Bom Crioulo*, Adolfo Caminha
76. *Um gato indiscreto e outros contos*, Saki
77. *Viagem em volta do meu quarto*, Xavier de Maistre
78. *Hawthorne e seus musgos*, Melville
79. *A metamorfose*, Kafka
80. *Ode ao Vento Oeste e outros poemas*, Shelley

Edição _	Bruno Costa
Co-edição _	Iuri Pereira e Jorge Sallum
Capa e projeto gráfico _	Júlio Dui e Renan Costa Lima
Imagem de capa _	Detalhe de *Beflaggte Kirche* (1914), de August Macke
Programação em LaTeX _	Marcelo Freitas
Assistência editorial _	Bruno Domingos e Thiago Lins
Colofão _	Adverte-se aos curiosos que se imprimiu esta obra nas oficinas da gráfica Vida & Consciência em 29 de julho de 2009, em papel off-set 90 gramas, composta em tipologia Walbaum Monotype de corpo oito a treze e Courier de corpo sete, em plataforma Linux (Gentoo, Ubuntu), com os softwares livres LaTeX, DeTeX, vim, Evince, Pdftk, Aspell, svn e trac.